Funster 1,000+ Sudoku Puzzles
Easy to Hard

Charles Timmerman
Founder of Funster.com

This book includes free bonus puzzles
that are available here:

funster.com/bonus19

A Funster Series Book.
Funster™ and Funster.com™ are trademarks of
Charles Timmerman.

Cover design by Ajna Hadrović.

ISBN: 978-1-7321737-7-4

A Special Request

Your brief Amazon review could really help us. This link will take you to the Amazon.com review page for this book:

funster.com/review19

Contents

Introduction

Cut It Out!

This book has wider inner margins. This means that you can easily cut or rip out the pages. Some people find this makes it more convenient to solve the puzzles.

The Rules

Simply fill in the empty squares so that every row, column, and 3x3 section contain the numbers 1 through 9 with no repeats. A Sudoku puzzle will have only one possible solution.

For example, here is a solved Sudoku puzzle:

2	5	3	9	7	4	1	8	6
6	1	4	5	3	8	7	9	2
9	7	8	2	1	6	5	3	4
3	4	7	8	9	1	6	2	5
5	9	2	7	6	3	8	4	1
8	6	1	4	5	2	3	7	9
7	3	5	1	2	9	4	6	8
4	2	6	3	8	5	9	1	7
1	8	9	6	4	7	2	5	3

As you can see, all nine rows, nine columns and nine 3x3 sections contain the numbers 1 through 9.

Solving Techniques

Only Possible Squares
Look for squares that are the *only* place in a row, column or 3x3 section that can have a particular number. That number must go in that square, so write it in! In the example puzzle below, the square in the second row with the question mark is a 5 because that is the only possible square in that row that is allowed to have a 5.

Only Possible Numbers
Look for squares that can have only *one* possible number. That number must go in that square, so write it in! In the example puzzle below, the square in the sixth row with the exclamation mark is an 8 because that is the only possible number allowed in that square.

2	5			7			8	6
			?		8	7		
					6	5		
3	4			9			2	
	9						4	
!	6			5			7	9
		5	1					
		6	3					
1	8			4			5	3

Example Puzzle

Candidate Numbers
For the *Hard Puzzles* section of this book it can be helpful to write all of the possible candidate numbers into each square in small print. Then use this information and logic to remove all but one candidate number for a square.

Don't Guess!
Be sure you have the correct number for a square before you write it in as your final answer. Once you make a mistake it can be very hard to undo the damage later!

Easy Puzzles

Easy 1

7				6				2
		1	4	7	3	8		
	8		9		2		1	
5	2						3	7
			8	2	4			
4	1						8	9
	6		2		9		7	
		2	7	4	6	9		
9				1				8

Easy 2

	6		5	1	8		3	
3			7		9			1
5		1				7		6
		9		7		8		
	7		9		6		1	
		6		5		2		
6		7				1		9
9			6		4			8
	4		1	9	7		5	

Easy 3

5		3	2		4			7
8	2				7		4	
7	6		9	8				
2					6			
		7	8	4	2	6		
			5					8
				7	9		6	5
	3		6				7	1
6			4		5	8		2

Easy 4

3	2	1	5					9
	9	7					4	
5				7				
1		8		3	7		9	4
		9		4		5		
4	7		1	5		8		3
				9				6
	6					7	3	
7					3	9	5	1

Easy 5

4			6	8	3			9
6		1				3		4
	2		4	1	9		6	
		8	3		4	6		
	6						1	
		9	1		7	2		
	8		5	3	1		7	
1		5				8		2
9			2	7	8			1

Easy 6

3		8				9		4
1	9			3			7	6
			9		2			
		6	4		9	7		
8	5			2			9	1
		3	1		7	6		
			6		4			
4	7			1			6	9
6		9				1		3

Solution on page 178

Easy 7

4		6	9	1	3		8	
7		9			4	1		
	1				7			9
			1	6			7	
6	9						1	5
	7			9	8			
8			5				9	
		5	8			7		2
	6		3	2	1	5		8

Easy 8

6			4		7	1		9
	8		6				5	2
				5	3		6	7
			7					1
		5	1	4	9	6		
9					6			
5	6		3	1				
1	9				5		4	
7		8	9		4			5

Easy 9

8			2	3		1		
1	7			9			2	6
2		9	6		1			5
3			1					
		1		8		5		
					2			1
4			5		6	9		3
7	6			1			5	2
		8		2	3			7

Easy 10

7		9		2	4	6		5
2	4							
5	6		7		8		4	2
1				6	3			
	9						6	
			4	5				1
4	5		9		2		3	6
							5	9
9		1	6	4		7		8

Easy 11

		5		9			6	2
2			4	1		5		
	1						4	9
3	7	4			2			1
1			8		5			6
5			1			9	2	3
8	5						9	
		1		5	4			8
7	4			8		2		

Easy 12

		7		9	1			6
6	3			4			2	9
5			2		3	8		1
					9			4
		4		7		2		
1			4					
9		8	3		4			2
4	6			8			9	3
7			9	1		4		

Solution on page 178

Easy 13

3					2	6	9	7
	8					3	2	
				6				8
4	3		7	9		1		2
		6		4		9		
7		1		2	3		6	4
9				3				
	6	3					4	
2	5	7	9					6

Easy 14

		8	9		2	4		
4			8		5			3
	7						8	
3	8			1			2	7
1			6	2	9			8
6	2			8			1	4
	5						3	
7			4		1			6
		6	2		3	7		

Easy 15

4	1		5		8		3	9
9								8
		6	1		3	2		
6		9		1		3		4
	4			7			5	
5		7		8		1		6
		8	4		9	5		
7								3
2	9		8		7		6	1

Easy 16

			1		9			
3			4	8	2			9
4	9			7			1	8
7		4		1		6		3
	8						9	
6		9		3		1		7
5	1			9			2	4
9			5	4	6			1
			3		1			

Easy 17

8		9			5	6	1	2
		3		6		7	8	
6								4
3		2	7			9		
9			6		8			3
		4			3	1		6
1								5
	3	6		1		8		
4	9	8	5			3		1

Easy 18

9	2						8	5
		3	1		8	4		
	1		6		5		3	
2			4	8	7			6
	8						7	
6			3	1	9			4
	6		9		1		4	
		7	8		3	6		
1	4						5	3

Solution on page 178

Easy 19

		2		5		1		
5	6						8	9
8		3	1		6	2		5
2		7				6		8
			2		3			
4		8				3		1
9		4	7		5	8		3
1	8						7	2
		5		6		9		

Easy 20

		3	9	8	7	4		
	7			4			5	
2				3				7
5	6		1		4		7	3
			7		6			
9	2		3		8		6	4
1				6				8
	8			7			4	
		6	8	1	3	9		

Easy 21

1		3		2	6	8		4
4	5							
6	7		9		4		5	2
8				5	2			
	6						4	
			7	6				8
9	2		1		3		6	5
							2	9
5		6	2	9		4		3

Easy 22

5		9	3		2			1
7	4				1		6	
3	1		8	4				
9					3			
		1	5	2	9	4		
			1					5
				9	8		1	4
	2		4				5	9
4			2		5	6		3

Easy 23

6		7	3	8	5		9	
8		2			6	7		
	1				7			6
			6	1			2	
7	3						1	9
	2			9	3			
1			2				3	
		3	4			1		2
	6		5	3	1	9		4

Easy 24

	2	8	6		1	7	9	
		3				1		
7	6			4			8	3
6			3		2			9
		2				3		
9			8		5			2
1	4			2			3	7
		9				6		
	7	5	1		3	9	4	

Solution on page 178

Easy 25

6	7			2		4		
		8		1	7			2
2	1						3	
1			8			3	4	9
8			2		1			5
9	6	7			4			8
	8						7	3
4			7	8		1		
		1		3			5	4

Easy 26

	7						8	
	1	8				3	5	
3			8	5	9			4
4			9		2			7
2	8		3		4		6	1
1			6		5			9
8			2	9	7			5
	5	1				2	9	
	9						4	

Easy 27

4	1		2		7		9	8
		5		8		7		
	8		3		9		6	
6	2			9			8	7
		8				2		
7	4			2			1	5
	9		5		4		7	
		1		3		9		
5	7		9		8		2	3

Easy 28

		1	7		9	4		
3			4		1			9
9				3				7
	6	9		4		2	3	
		3	2	9	6	8		
	2	8		7		9	4	
1				2				8
8			3		5			2
		2	9		7	5		

Easy 29

	4	9			2	6	8	7
	1						4	
7				8		5		
		3			8	1		6
6	8			7			5	2
2		1	6			8		
		5		3				8
	3						6	
4	6	2	8			3	1	

Easy 30

	7		6		4		1	
		4	9	3	8	5		
2				1				4
5		7				2		8
			3	5	9			
3		6				9		1
7				6				9
		9	4	8	7	1		
	2		5		3		8	

Solution on page 179

Easy 31

8	7	5	2			4	3	
	4						7	
		9		4				2
5		3	7			2		
7	2			1			9	5
		4			2	3		7
1				2		9		
	3						8	
	8	6			5	7	2	1

Easy 32

1			2		5			8
	8						4	
3		5	9		4	7		6
2		6		4		1		9
		8	5		9	4		
9		4		7		5		2
4		1	6		3	8		7
	6						9	
8			4		2			1

Easy 33

3			2		8	1		9
	2		3				8	4
				4	6		5	3
			5					8
		5	8	2	4	3		
4					9			
9	5		6	3				
7	3				5		1	
8		4	9		2			5

Easy 34

4	1		7		2		3	8
6								5
		3	5		4	2		
		4	2	7	1	6		
		1				7		
		2	3	8	6	1		
		9	1		3	8		
2								1
1	4		8		9		7	2

Easy 35

9					2	8	6	5
	3					7	9	
				7				2
3	9		7	5		4		8
		2		3		9		
5		4		2	8		7	3
1				9				
	5	7					1	
8	2	9	5					7

Easy 36

4			1		2			7
		8	4	6	9	3		
5				8				4
	7		5		8		1	
9				2				8
	5		9		3		7	
1				7				9
		2	8	3	5	7		
3			2		1			6

Solution on page 179

Easy 37

5	7	3	6			9		1
	1	8		3		4		
2								3
		9			8	5		4
4			1		3			9
3		7	4			2		
6								7
		1		7		3	4	
7		4			6	1	9	2

Easy 38

			8		6			
5		7		3		2		9
		3	7		2	4		
8	3						4	1
2		1	3		7	5		8
7	5						3	2
		9	2		8	1		
1		5		6		8		7
			9		5			

Easy 39

9	8						6	7
		1	6		8	3		
			9	3	1			
4	2			5			1	9
	9	6		4		7	5	
3	5			6			2	4
			4	9	6			
		9	7		5	4		
6	1						7	5

Easy 40

8	7		4		5		3	1
		1		8		5		
			3		1			
	5	4		2		8	6	
		8	9	5	6	7		
	6	7		1		3	5	
			5		8			
		3		6		9		
5	8		1		9		7	3

Easy 41

	4		2	8	5		3	
		5				2		
	8	3	9		6	4	5	
7		2				9		3
			7		3			
6		4				7		2
	7	1	6		8	3	2	
		8				6		
	9		5	3	2		7	

Easy 42

	2		1	4	8		5	
		5	2	7	3	1		
8		1				7		4
5								1
			3	9	1			
2								7
9		7				8		5
		4	8	1	7	2		
	8		9	5	6		7	

Solution on page 179

Easy 43

2	6	7	3			9		4
	9	1		4		7		
4								3
		2			9	4		1
6			1		7			9
9		5	8			6		
1								2
		9		1		8	7	
7		6			3	1	4	5

Easy 44

1		5		6		8		4
	2			5			9	
			1	9	4			
	4	8	6		9	5	2	
		2	8		1	9		
	3	1	2		5	6	7	
			5	1	6			
	5			2			1	
4		6		8		3		2

Easy 45

3			4		1			5
		5	3		8	2		
2	8						7	1
4	3			9			1	6
			2		5			
9	5			3			2	8
6	4						5	2
		1	5		2	8		
5			6		9			7

Easy 46

5	9		7		6		8	1
		1	3		5	7		
8				9				6
4			5	6	1			9
	7						4	
1			2	4	7			8
9				7				3
		5	8		9	4		
7	4		6		3		1	2

Easy 47

7		4	1	2		8		9
							3	7
2	3		7		5		6	1
			2	3				4
	7						1	
4				1	6			
3	1		8		9		2	5
5	2							
8		7		5	2	1		3

Easy 48

	1	2	6		5	3	8	
			2		4			
		5	3		1	6		
2	3			1			6	8
		1				2		
5	8			3			9	7
		7	1		3	8		
			9		8			
	2	8	5		7	9	1	

Solution on page 179

Easy 49

2	8		7		3		5	1
		9		1		3		
3		7				8		2
		2		8		9		
	3			7			2	
		8		6		7		
8		3				2		7
		6		2		1		
7	2		9		4		8	6

Easy 50

9	3						6	8
	1		9		8		7	
		2	1	5	6	3		
5			3		7			1
4	6						5	3
1			2		5			6
		6	5	1	4	8		
	4		7		9		3	
7	5						1	4

Easy 51

	1		4	3	5	7		8
		7	8			6		3
8			7				2	
	6			2	8			
1	2						5	7
			5	1			6	
	5				6			2
6		2			9	5		
9		1	2	5	4		8	

Easy 52

5			8		7			2
2	7						5	8
3		9		1		6		4
		8	4		1	2		
	4			8			9	
		7	9		6	4		
8		5		4		7		3
4	1						2	9
7			6		9			1

Easy 53

	4	6			2	5	9	7
	9						6	
2				6		8		
		2			9	4		5
5	8			1			2	9
9		4	2			6		
		8		2				1
	7						4	
1	2	9	5			3	7	

Easy 54

7			5	8		6		
8	4			1			9	7
5		2	9		4			3
1			8					
		4		6		1		
					1			5
4			1		9	2		8
9	8			2			7	1
		1		5	8			6

Solution on page 180

Easy 55

3		5			6	4	9	1
		4		3		2	5	
6								3
2		3	5			1		
5			4		2			9
		9			7	8		5
1								2
	4	7		2		5		
8	3	2	6			9		4

Easy 56

1	4			3		7		
		7		9	8			1
3	8						9	
9			1			8	2	5
4			7		6			9
5	1	3			9			7
	3						7	6
6			8	7		9		
		1		6			8	2

Easy 57

		8				9		
			7		3			
9	3		5		8		1	2
8		2		6		1		7
	9		1	5	7		2	
7		1		2		5		3
3	2		9		1		5	6
			4		2			
		7				2		

Easy 58

4		3	2		5	9		6
			1		9			
8	2						5	7
		7		2		4		
	8	1	5		4	7	3	
		4		9		5		
7	5						9	3
			9		6			
1		2	7		8	6		5

Easy 59

		4	1		7	2		
	8						4	
3				2				7
2	4		5		3		7	6
9	7		4		2		8	5
6	5		9		8		1	2
4				8				1
	2						9	
		7	3		1	6		

Easy 60

	4	5				8	6	
2		8				9		1
	7		8	9	4		2	
	2	7		3		4	9	
3								2
	6	4		7		3	1	
	5		6	2	9		8	
1		6				2		9
	9	2				6	3	

Solution on page 180

Easy 61

		6		3			5	9
3			5	2		7		
	8						2	3
4	6	8			7			2
1			2		3			7
7			6			5	9	4
8	5						7	
		2		7	5			6
6	1			8		2		

Easy 62

9	2	5	4			8	1	
	1						3	
		6		2				9
5		3	2			7		
4	6			9			2	5
		2			5	3		4
2				7		6		
	5						7	
	3	7			2	4	5	1

Easy 63

		7	6	5	8	1		
	9			7			6	
5			3		9			7
3	4						7	2
			2	9	7			
2	7						5	1
1			7		3			6
	3			2			8	
		2	9	6	5	4		

Easy 64

	9	5	6		4	8	3	
8								7
1			5		2			9
	4		7	6	9		5	
	1						8	
	5		8	2	1		7	
6			2		8			4
4								5
	2	7	4		6	3	1	

Easy 65

	1		2		6		4	
9			3	4	7			1
8		6				3		2
	8		7		3		1	
		1		6		7		
	7		9		4		2	
7		4				1		8
1			4	2	5			7
	9		1		8		6	

Easy 66

		7				5		
6			1		4			9
2	1			5			8	6
4	7		3		5		9	1
	3						2	
5	8		2		7		6	3
8	2			4			5	7
7			5		3			2
		5				6		

Solution on page 180

Easy 67

6		4				5		9
		2	9		1	3		
	9		6		5		2	
	7	1		6		2	4	
5				2				8
	2	8		5		6	3	
	1		2		8		5	
		5	4		7	9		
8		9				1		2

Easy 68

5			9		7			1
	6						8	
1		2		3		6		9
7	5	8				9	1	2
			2		9			
2	3	9				8	6	4
4		7		9		1		6
	9						2	
8			5		2			3

Easy 69

9		3	5		6	1		7
	6			1			8	
		7	4		9	3		
4			8		2			1
		8				6		
7			6		1			8
		5	7		4	9		
	9			6			5	
3		1	2		5	8		6

Easy 70

			7		8			
	5	2		3		7	9	
3			2	9	1			5
6	3			7			4	2
	2		4		3		6	
4	1			2			3	7
9			3	1	7			4
	7	3		4		9	1	
			5		9			

Easy 71

	8	9				2	1	
	7		8		9		6	
4				2				9
		3	7		4	1		
	4	8		1		7	3	
		1	2		3	4		
8				3				7
	5		4		2		8	
	1	4				3	5	

Easy 72

	5		3		8		2	
2			5		7			9
	8			4			7	
9		2		8		7		4
	4	8				2	3	
1		3		5		6		8
	2			1			8	
8			9		4			2
	9		8		5		4	

Solution on page 180

Easy 73

9			6		4			3
	6						8	
4	3			1			9	5
		6	1		2	5		
7	1		5		6		2	8
		8	4		3	9		
8	2			6			5	4
	7						1	
1			7		9			6

Easy 74

		2	7		5	9		
4		8				3		5
	6		3		4		7	
7		4		2		8		3
	5			3			2	
2		3		5		6		4
	2		9		6		8	
5		9				4		6
		7	5		8	2		

Easy 75

1			9		3			8
4	3			2			7	9
	5	2				4	1	
	1			6			3	
			5	3	7			
	8			9			6	
	2	1				3	8	
5	6			7			9	2
8			6		2			5

Easy 76

5			8		2			4
4		3		9		7		6
	9		4		7		3	
2		5				3		1
			9		6			
9		1				6		8
	1		2		4		6	
3		2		7		8		9
6			3		9			7

Easy 77

	7		2		3		6	
		5				3		
8			7	5	6			4
3		2				6		8
6			5	3	4			2
1		9				4		7
5			4	2	9			3
		4				5		
	3		1		5		4	

Easy 78

2	1		4		7		3	8
4		5				7		1
		7				9		
5			7	6	4			9
	7						1	
6			9	1	3			5
		2				8		
9		3				4		6
7	4		5		6		9	3

Solution on page 181

Easy 79

	2		4		7		3	
5		7				8		4
4				1				6
7		3		5		1		2
		4		6		3		
8		6		2		4		9
1				3				7
3		8				2		1
	4		1		2		8	

Easy 80

7		6				3		8
1			2	3	6			5
	5			4			2	
		7	3		8	2		
2	1		9		4		8	3
		3	1		5	4		
	3			8			6	
9			6	1	2			4
6		2				8		9

Easy 81

5		8	3		6	7		9
	6						3	
		7		8		4		
2	8		6		7		5	3
4								7
6	7		1		3		9	4
		4		6		3		
	2						7	
3		1	8		5	6		2

Easy 82

		3	8		2	6		
9		2				4		8
	8	1				9	3	
2	5			8			6	7
6								5
1	3			6			9	4
	9	4				5	1	
3		5				7		9
		6	9		4	8		

Easy 83

	1	7				6	5	
		4		6		9		
6	2			3			4	8
	9		7		1		6	
1				9				2
	6		3		4		9	
5	8			7			3	4
		6		5		7		
	7	2				5	8	

Easy 84

3			8		5			6
		4	1		6	5		
	5						4	
1		6		5		8		2
8		9	6		3	4		5
5		2		1		9		7
	9						5	
		1	5		7	3		
2			9		1			4

Solution on page 181

Easy 85

7	8		2		4		9	5
3		5		1		6		2
	9						3	
2				6				8
		9	4	7	8	5		
8				2				1
	3						5	
4		7		5		3		9
5	6		1		3		4	7

Easy 86

			9		5			
8		7		3		9		1
		1	7		6	5		
6	2						9	8
7		9	8		2	1		6
1	4						2	7
		4	6		8	2		
5		6		2		8		9
			3		7			

Easy 87

8	4		9		3		5	1
			8	4	2			
		9				3		
	8	3				7	9	
	2		3	9	1		4	
	9	6				1	3	
		8				4		
			1	8	9			
9	5		7		4		1	6

Easy 88

3	5			8			6	4
		7		6		1		
8			7		4			3
	3		6	5	7		8	
	6	2				9	7	
	8		1	9	2		3	
2			9		8			7
		3		2		8		
5	9			7			1	2

Easy 89

	1	2	3		4	6	5	
9								7
6	3						2	8
	2			4			6	
3			5	1	6			4
	6			9			7	
7	9						8	2
2								6
	8	5	9		2	7	4	

Easy 90

	9	6	1		3	4	5	
7			9		5			1
1								8
	1		6	5	7		8	
2								9
	8		2	3	9		1	
5								6
6			8		1			2
	2	8	5		6	1	7	

Solution on page 181

Easy 91

	1		3		9		7	
2				7				4
		4	2		8	3		
1	8			6			5	3
		2		8		9		
3	4			9			2	6
		3	5		6	1		
4				3				2
	2		8		4		3	

Easy 92

	8		4		3		9	
		1				2		
5			1	2	9			7
2	3			5			1	4
	1	5				3	2	
4	7			3			6	9
8			5	7	2			1
		9				4		
	2		3		4		5	

Easy 93

8	9	1	4				2	
5	4							9
7			9	8				
4		5	3		7		6	2
		7				5		
9	6		5		8	4		1
				4	9			6
6							9	8
	7				6	2	5	4

Easy 94

	9		7	8	6		3	
	8	5	1		3	2	9	
7								6
5	6						4	1
			5		7			
3	1						2	9
8								4
	3	4	9		8	6	5	
	7		4	2	5		8	

Easy 95

		3	2	1	4	9		
4		7				3		1
			3	7	9			
9	7						6	4
			4	2	6			
6	1						3	5
			7	6	3			
5		9				4		6
		6	9	4	5	1		

Easy 96

		7	9	1	2	5		
8	1						9	2
			5		7			
6		2		7		9		5
		9	2		6	8		
5		8		9		4		6
			7		5			
4	5						8	7
		3	1	2	8	6		

Solution on page 181

Easy 97

8				2				5
6		9		5		1		2
	2						7	
1	6		2		4		9	7
	4		7		9		5	
3	9		8		5		2	6
	5						1	
4		3		7		2		9
7				8				3

Easy 98

7			8		9			2
	5						9	
	8	2		4		1	3	
6		8	9		4	3		1
4				7				5
5		1	2		8	9		4
	4	5		9		2	6	
	9						1	
1			5		3			9

Easy 99

	3			9			5	
		2	4		1	6		
	4		2		8		7	
6		3				8		5
		7	6	2	4	1		
4		9				7		2
	6		8		5		2	
		5	3		9	4		
	9			7			3	

Easy 100

	8			2			3	
		9	3		7	2		
2	3		5		9		4	1
	7		1		3		8	
		1		7		4		
	2		4		5		1	
7	5		9		1		6	4
		6	8		2	1		
	1			5			2	

Easy 101

8	7	1				2	5	6
9		3				1		8
			1		2			
7		8		2		6		5
	3						2	
4		2		3		9		7
			3		4			
1		4				5		3
3	5	7				4	8	2

Easy 102

	7	1	6		4	8	3	
		4	7	8	3	1		
2				5				6
	6						8	
	3		4		8		1	
	1						7	
1				4				7
		8	3	6	2	4		
	4	6	9		7	5	2	

Solution on page 182

Easy 103

	4	6	5		3	7	9	
			7		6			
7				9				2
		4	2	3	7	1		
8		3				4		9
		1	8	4	9	5		
1				6				5
			4		8			
	3	2	9		5	6	7	

Easy 104

			4	2	8			
	6		9		1		3	
	1	4				8	2	
6	2			4			9	5
		1		6		2		
8	9			1			6	7
	5	6				9	7	
	8		1		6		5	
			7	8	5			

Easy 105

8								6
	9		8		2		4	
	4	5		1		8	2	
1	5			7			8	4
4		9	2		5	1		7
7	8			3			5	9
	1	8		9		4	6	
	3		4		1		7	
2								1

Easy 106

5								6
	6	8				7	1	
7	4		3		6		2	8
6		4		3		8		2
			2	1	4			
2		9		8		1		3
4	7		5		9		8	1
	2	6				9	5	
9								4

Easy 107

			3		6			
8	7	5				6	2	3
3		6		7		8		9
5			1		8			2
		1	6		2	4		
2			7		3			5
6		3		2		9		7
4	9	2				5	3	1
			5		9			

Easy 108

		4	9	2	5	1		
	5			6			2	
2			4		1			6
		3	6		2	4		
	2	9				8	1	
		5	8		7	6		
4			3		6			9
	3			8			4	
		8	1	7	4	2		

Solution on page 182

Easy 109

	6		8		5		1	
			9		1			
5		1		7		3		8
1	3			6			8	7
	7		5	9	8		3	
2	8			1			4	5
8		6		5		4		3
			1		9			
	5		3		6		7	

Easy 110

		2				6		
1			9	8	6			5
6	5						4	9
9	1			5			8	3
	4	7				5	9	
5	8			4			2	1
4	6						5	7
8			4	6	1			2
		9				1		

Easy 111

3		9		7		1		4
	8		4		5		2	
	4			1			6	
	3	8	7		4	2	1	
			5		1			
	6	4	8		9	7	3	
	1			5			4	
	9		1		3		7	
8		3		4		6		1

Easy 112

		4	7	6	5	9		
7				8				4
		8				1		
3	9		2		6		1	8
		1		9		2		
8	7		5		3		9	6
		7				6		
9				5				2
		6	4	7	9	3		

Easy 113

9	6		8		2		1	7
8				3				5
3		2	7		4	6		9
	8						3	
			6		7			
	2						7	
5		7	3		8	4		1
1				2				3
2	3		4		1		5	8

Easy 114

5	2		1		8		9	7
3			5		9			6
		1				4		
	7	2		1		5	4	
			8		7			
	1	3		5		8	7	
		5				7		
1			6		4			2
9	6		7		5		3	8

Solution on page 182

Easy 115

		9	3	7	2	4		
	2		8	5	9		1	
5								9
4			7	9	8			6
		1				2		
6			1	2	4			5
3								2
	7		6	1	5		9	
		6	2	8	3	5		

Easy 116

	3	5				9	1	
	8		9		2		5	
			5	4	3			
3		2				4		9
5			3	9	1			7
8		7				5		1
			6	5	7			
	6		2		9		4	
	5	3				2	7	

Easy 117

	3	7				2	8	
5			3		2			4
9			6	8	1			5
			7		5			
7	1	6				5	9	2
			1		6			
3			2	1	7			9
6			9		4			1
	9	1				4	3	

Easy 118

	9		8	6	7		1	
5	7						2	8
1			2		5			7
		8		7		6		
	4	1		9		2	7	
		5		2		8		
2			6		3			4
3	6						8	2
	5		7	1	2		9	

Easy 119

		4	7		6	5		
	3						6	
5		6		1		9		8
	6	3	4		5	8	2	
			8		7			
	9	8	1		2	3	5	
2		9		4		7		6
	7						8	
		1	6		8	2		

Easy 120

			2		4			
8	5						4	6
4		1		5		9		2
5	6		7		9		1	4
	7	3				5	9	
9	1		5		3		6	7
1		7		9		6		3
6	2						8	9
			4		5			

Solution on page 182

Easy 121

8	1	5				9	6	3
4	3			6			2	5
			5		3			
		4	8	3	1	5		
3								4
		6	9	4	7	3		
			6		8			
6	8			1			3	9
7	9	1				6	5	8

Easy 122

	5		6	7	8		4	
		9				6		
6		1				7		5
5	3			4			1	2
		4		3		5		
1	7			6			8	4
4		7				8		1
		5				2		
	2		7	9	1		5	

Easy 123

3			7	1	6			2
2	1			8			6	5
	6						1	
9	2	1				6	7	8
			6		8			
4	8	6				5	2	3
	4						3	
1	5			6			9	4
8			1	4	7			6

Easy 124

		6	4		2	9		
	4		5	6	7		3	
2								5
	5		2		8		9	
	9	2		7		1	8	
	1		9		4		2	
9								7
	8		3	2	6		5	
		3	7		9	2		

Easy 125

1								3
	7			1			6	
	5	8	3		6	2	9	
8		7		5		9		6
9			6	4	7			2
6		1		2		7		5
	1	4	8		5	3	2	
	8			3			1	
2								7

Easy 126

	3		8	4	2		6	
	2		5		9		1	
8								9
1	7	6				2	9	5
			7	5	6			
3	8	5				7	4	6
5								2
	1		9		5		3	
	6		3	1	7		5	

Solution on page 183

Easy 127

1		7	9		2	6		8
8		2				4		5
	6						2	
2	3			9			6	7
	1						8	
7	5			4			1	9
	2						5	
3		6				7		2
9		5	2		3	1		6

Easy 128

	6						8	
8	4						2	1
5		7	1		9	3		6
9		5		4		8		2
			9		2			
2		6		3		4		9
4		2	6		8	5		3
6	5						1	4
	3						9	

Easy 129

	1	3				4	2	
7			4		2			3
		2	8	3	1	9		
9				8				2
	2		3	9	4		7	
5				2				1
		9	7	5	8	2		
3			2		6			9
	8	7				6	1	

Easy 130

6		1	8		5	3		9
	8		3		9		5	
3								8
	1		5	6	2		4	
	6	8				1	3	
	5		1	8	3		6	
1								3
	7		6		1		2	
5		4	2		7	6		1

Easy 131

		9	3	6	4	1		
6				8				4
7								6
1	9		4		8		2	3
		2		7		4		
4	7		9		2		1	8
2								1
9				1				5
		1	7	9	5	3		

Easy 132

7								2
	2	3		9		1	4	
		1	2	6	4	7		
6	7						1	3
2		4	9		6	5		8
3	5						9	4
		5	6	7	1	8		
	8	7		2		4	6	
1								7

Solution on page 183

Easy 133

8			5	2	1			6
9		6				5		2
		2	9	3	6	1		
	8			4			2	
			2		7			
	3			9			1	
		8	4	6	2	3		
1		4				7		9
3			7	1	9			4

Easy 134

9	1	6	4		2		3	
2	4				3			6
8			1	6				
4		2	7		1			
		9				4		
			6		9	2		3
				1	4			5
5			3				2	1
	2		5		8	3	9	4

Easy 135

5		3	2		9	7		4
	8			3			9	
			8	5	4			
8	5			4			3	1
		6				8		
2	3			8			7	9
			4	1	8			
	7			2			4	
6		4	5		3	9		8

Easy 136

	4						1	
7		2	1		6	5		3
			4		7			
9		8		1		2		5
2	3			8			9	4
4		7		2		3		1
			2		3			
3		4	9		1	7		8
	7						3	

Easy 137

6		8				1		5
	9	2		1		6	8	
			8		7			
2	1						4	3
3			6	8	4			1
5	8						6	7
			7		8			
	6	3		5		7	9	
4		7				5		8

Easy 138

2	4			1			7	9
		9	6	5	2	4		
3		1				2		6
	9		1		5		4	
			2		6			
	8		3		9		5	
4		5				9		3
		8	5	6	1	7		
1	2			3			6	5

Solution on page 183

Easy 139

8	9		2		1		6	3
5				3				9
	2	3				8	4	
9			3		6			2
			1		5			
3			9		4			1
	3	6				7	9	
4				5				6
7	5		6		2		1	4

Easy 140

	4			5			7	
6		7				3		4
8		5		4		6		1
	8		9		7		4	
		2		3		8		
	1		8		5		3	
7		9		1		4		3
2		1				9		6
	3			9			1	

Easy 141

4			5	7	8			6
	5						4	
		9	4	2	3	5		
		6	8	3	4	9		
	9	4				8	3	
		7	1	9	2	4		
		1	2	5	6	7		
	6						2	
7			3	8	1			9

Easy 142

		4				2		
2	7			1			9	4
	8		4		9		5	
6	4						2	8
8			9	4	6			7
3	9						1	6
	6		1		5		7	
5	1			7			6	9
		8				1		

Easy 143

			9		8			
8	6			2			4	5
7		1		6		8		2
9		5				1		6
		3	2		6	5		
6		8				4		3
1		7		9		6		4
2	3			7			5	8
			8		4			

Easy 144

	4	6	8		5	1	3	
3								6
7			6	1	3			9
1		5		8		6		3
	3						9	
4		9		3		5		8
5			3	7	6			2
9								5
	1	7	9		2	3	8	

Solution on page 183

Easy 145

	3	8				1	7	
			5		7			
5		7		1		2		8
4	5		9		8		1	3
	7						6	
3	1		7		4		8	2
1		4		9		6		7
			1		6			
	9	5				8	2	

Easy 146

		1	9		5	3		
9	6						1	8
4								5
6		4		3		2		7
		7	4	1	2	5		
8		2		7		4		1
1								3
5	7						2	9
		9	1		6	8		

Easy 147

8								2
			8		7			
	3	2	1		4	9	5	
6		3		4		5		7
4	8			5			2	9
2		5		1		4		6
	4	1	2		9	6	7	
			6		5			
3								5

Easy 148

	7			8			5	
		9	4		3	8		
5		4		9		3		6
3		7		2		6		1
			6		8			
8		5		1		4		7
1		6		4		2		9
		2	9		5	1		
	3			6			4	

Easy 149

	9		6		3		7	
8								2
1		3		4		9		8
4			8		9			6
	3	6	1		4	2	8	
5			3		6			7
9		8		3		6		4
6								3
	1		2		8		9	

Easy 150

	1		9	7	8		5	
			2		5			
3		2		1		9		8
	9	6		5		7	2	
		3				5		
	4	5		8		6	1	
7		1		9		2		5
			1		3			
	6		5	2	7		3	

Solution on page 184

Easy 151

	4	9	7		2	5	6	
6		2				8		3
			8		6			
	1		4	6	9		7	
		7				6		
	8		3	7	5		1	
			6		7			
7		8				9		6
	6	4	9		8	1	2	

Easy 152

		3	2		9	4		
	8						6	
1			8	3	4			7
9	4			7			1	5
			4	2	1			
3	6			8			7	4
6			7	4	2			3
	3						2	
		7	6		3	9		

Easy 153

		5	6		9	3		
	2						6	
6			7	5	8			4
2		7		8		9		1
	4			9			7	
3		1		6		8		2
1			4	7	2			9
	8						3	
		4	8		6	1		

Easy 154

7				1				9
8	4			7			2	3
2			8		3			4
	7	2		9		8	1	
			1		7			
	5	9		3		4	6	
9			7		5			8
4	3			8			5	6
5				4				1

Easy 155

		3	7		1	8		
8	9			3			1	4
5			4		8			6
1		9				4		3
			2		4			
7		4				5		8
2			3		9			1
4	1			7			3	5
		8	1		5	2		

Easy 156

1		8		3		6		2
	4		6		9		8	
7			1	4	8			5
		4				7		
		1	3	8	5	4		
		9				3		
9			2	6	4			3
	2		8		3		6	
8		6		5		2		4

Solution on page 184

Easy 157

5	7	4				3	6	1
			4		6			
8		1		3		4		2
			8		3			
	8	3		7		6	4	
			6		4			
4		9		6		7		8
			7		2			
7	3	5				9	2	6

Easy 158

	1						2	
7			3	2	4			5
4	2	6				3	7	8
	7		8		1		4	
5								6
	4		6		5		1	
1	6	7				4	5	9
9			1	4	6			2
	8						3	

Easy 159

		1	9		8	5		
4			1	3	2			8
		8		6		3		
	6		3	1	4		5	
	5						4	
	9		5	2	7		8	
		2		4		1		
7			2	5	1			6
		6	8		3	4		

Easy 160

	9	5				3	2	
	2		7	3	5		9	
	7		1		2		6	
7				4				1
			3	1	7			
6				2				9
	4		8		9		1	
	6		4	7	3		5	
	5	3				9	7	

Easy 161

1	8			5			2	6
3			2		6			5
	5		3	8	1		7	
	2	5				6	9	
			5		9			
	7	9				5	1	
	3		1	7	5		6	
7			8		4			9
5	4			9			3	1

Easy 162

	7		2		9		6	
9		3		5		7		2
		4	1		8	5		
3								7
	9		5	4	2		8	
5								9
		9	3		6	4		
6		1		2		9		8
	3		9		5		2	

Solution on page 184

Easy 163

		2		9		3		
3			4	7	2			1
9	7			3			2	5
8			3		9			7
		6	8		7	5		
5			2		4			3
6	8			2			4	9
4			7	8	6			2
		1		4		6		

Easy 164

8			4		3			6
	1						3	
4		3		6		5		7
5	8		1		6		7	2
	2			8			5	
3	7		2		4		8	9
9		7		4		2		5
	3						4	
2			9		5			3

Easy 165

8		5				3		6
		2	8		7	4		
	7		3		1		2	
7	3			1			4	2
6				8				3
9	2			3			8	1
	6		2		8		3	
		3	1		5	8		
1		9				2		7

Easy 166

	8	4		1		2	9	
		6	5		4	1		
1								3
8		1	7		3	4		2
	7						5	
2		9	1		5	7		8
9								4
		2	9		8	6		
	1	5		3		8	2	

Easy 167

		9	2		6	8		
			4		1			
	8	6		9		4	7	
7	9			4			2	5
1		4	8		2	3		7
5	2			1			4	8
	3	7		2		5	1	
			1		8			
		1	5		7	2		

Easy 168

	2	6	1		3	5	4	
		1	9		4	2		
	8		5		6		1	
1				4				3
		8				1		
3				1				7
	7		4		1		8	
		9	7		5	4		
	6	5	2		8	7	9	

Solution on page 184

Easy 169

8	7		9		1		4	3
		1	3		4	8		
4								2
6	3			1			5	8
		2				3		
7	1			3			2	6
1								5
		7	6		5	1		
9	6		1		8		3	7

Easy 170

	6	3	9		7	1	5	
		4				2		
	2			4			6	
4		2	8		1	5		6
	8		6		9		4	
6		5	2		4	8		3
	4			1			3	
		7				6		
	1	8	7		3	4	2	

Easy 171

	8	7	4		3	9	2	
4			7		5			8
3	5						4	6
			5	9	7			
6		5				8		7
			6	1	8			
7	2						8	9
5			8		9			4
	9	6	3		2	5	7	

Easy 172

	1	8	5		7	6	9	
9		7		6		4		5
	5		2		3		8	
3								6
	2		9		6		3	
1								2
	9		6		5		1	
5		2		8		3		7
	6	1	7		4	2	5	

Easy 173

		8	3		6	5		
6	7						3	8
2				1				6
7		2	9		5	8		1
		1				3		
9		3	1		4	2		5
8				6				3
1	2						5	9
		7	4		1	6		

Easy 174

		8	5		1	4		
4			7		8			2
	7	9				8	6	
3				1				8
8		6		5		1		3
9				7				6
	4	1				2	8	
6			9		2			1
		2	1		5	6		

Solution on page 185

Easy 175

		4				1		
	2	7	8		4	5	9	
9	3						6	8
4		9		7		8		2
			4		3			
7		3		2		9		6
1	4						7	9
	9	6	1		7	3	8	
		5				6		

Easy 176

	2						7	
	7		2		1		5	
6		9				1		8
	9	6		2		4	1	
		8	3	6	4	2		
	5	4		1		6	8	
4		2				7		9
	3		4		8		6	
	6						4	

Easy 177

6		9		8		3		5
		5	6		3	8		
			9	2	5			
1	7						9	3
			3	6	1			
2	8						4	1
			1	9	8			
		7	4		6	9		
9		8		3		1		4

Easy 178

5		8	1		3	4		9
		4		9		3		
	2						5	
2	6		7		4		8	5
3				1				7
7	4		2		8		3	1
	5						6	
		6		7		8		
8		7	3		6	5		4

Easy 179

		3	5		4	7		
			2	3	1			
	1	9		7		5	2	
6			1		3			2
		1		4		3		
3			9		7			8
	3	4		2		6	8	
			4	6	5			
		5	3		8	4		

Easy 180

	9	7				3	8	
8								7
4		5	7		1	9		2
		3	1	4	5	6		
6								9
		4	3	6	9	5		
5		8	9		7	2		6
3								5
	4	6				7	9	

Solution on page 185

Easy 181

		9		8		5		
5			7		4			9
7	2		9		3		4	6
4		8				3		7
			5	4	7			
2		5				6		4
6	3		2		5		8	1
9			3		8			5
		7		1		9		

Easy 182

7	3		9		8		2	6
		8				9		
9		6		5		8		7
2			1		4			8
		4				6		
8			3		7			2
3		2		7		4		9
		7				3		
4	8		6		9		7	1

Easy 183

5		8	3		7	4		2
			9		2			
	1						9	
9	7			4			3	1
	8	3		2		7	6	
6	4			7			2	8
	3						8	
			2		1			
7		9	8		4	1		6

Easy 184

3		6	8		7	2		4
		4				7		
	2						5	
8		7		2		6		9
4			9	3	5			8
1		9		7		4		5
	8						4	
		1				8		
6		5	4		2	3		1

Easy 185

			2	8	1			
	6		9	7	3		8	
	2	1				9	7	
2		5		4		6		8
			6		8			
6		8		1		7		4
	8	9				5	4	
	5		8	3	7		2	
			5	9	4			

Easy 186

	5						6	
		7	4		1	2		
8			9	5	6			7
5		3				9		6
9	2		3		7		1	5
4		6				7		2
3			7	9	5			4
		9	6		4	5		
	4						9	

Solution on page 185

Easy 187

	1	6				7	3	
4			7	1	3			9
7		3				1		2
		2	3		8	4		
			5		6			
		9	1		7	2		
8		5				9		1
2			8	5	1			3
	7	1				8	4	

Easy 188

	1	8				2	7	
	3		8		2		5	
2			4		9			6
8		1		5		6		9
3								5
5		4		3		7		8
6			1		3			7
	4		2		7		6	
	9	3				4	1	

Easy 189

	5		3		1		7	
		6		2		8		
9	2			7			1	4
	3	7	5		8	9	2	
		9				5		
	4	5	1		2	3	8	
5	9			1			6	2
		1		8		7		
	7		9		6		3	

Easy 190

1	8		9		2		7	5
	6						8	
7		9				4		1
6		7		2		5		8
	9			7			1	
4		5		1		9		7
9		1				7		3
	7						9	
8	4		3		7		5	6

Easy 191

4			8		2			1
		7		6		2		
	9	1	4		7	6	8	
	6		2	4	3		1	
7								3
	4		7	8	6		2	
	7	4	3		8	1	5	
		8		2		3		
3			1		5			6

Easy 192

		9	8	2	1	4		
7	8						3	6
			3		7			
9		6		5		8		3
		8	9		2	5		
3		5		7		2		9
			7		3			
2	5						1	8
		3	2	1	5	7		

Solution on page 185

Easy 193

1	2	3	4	5	6	7	8	9
	1	2		9		5	7	
			6	8	2			
6		4	7		5	3		2
		3				8		
			4	7	6			
		9				4		
9		8	5		7	2		1
			9	3	1			
	3	7		4		6	5	

Easy 194

1	2	3	4	5	6	7	8	9
1		3	8		4	9		7
		2				5		
			3	9	5			
	2	6		7		3	8	
7			5	6	3			4
	4	1		8		6	7	
			6	5	9			
		5				7		
8		9	2		7	1		6

Easy 195

1	2	3	4	5	6	7	8	9
4			8		5			9
		7				1		
		3	9	1	4	6		
5	6						8	7
9		4	6		7	5		3
7	3						6	2
		2	5	6	8	7		
		5				2		
1			3		2			6

Easy 196

1	2	3	4	5	6	7	8	9
	7		1		3		2	
1			5		7			6
8			9		6			7
7		1		5		6		2
	6						1	
9		8		1		7		3
6			7		5			4
5			4		2			1
	9		8		1		7	

Easy 197

1	2	3	4	5	6	7	8	9
		9	1		2	7		
2		1				8		4
	8	7		4		1	2	
7			3		1			9
			2		8			
1			6		4			8
	5	3		2		6	8	
6		2				5		7
		4	5		6	9		

Easy 198

1	2	3	4	5	6	7	8	9
	9		7		1		6	
4			3		5			9
		1		4		5		
6			1		7			5
5	7			3			8	2
8			2		9			7
		3		7		9		
9			5		3			8
	5		8		6		4	

Solution on page 186

Easy 199

	4	3				7	6	
9		8				5		2
			3	2	1			
5	6		2		8		1	3
1								8
3	8		5		6		4	7
			6	7	2			
7		6				4		5
	9	2				1	7	

Easy 200

8	4	2				1	6	3
			1	8	2			
9	1						5	2
	8	6		4		2	9	
			9		7			
	3	9		2		6	4	
2	9						3	4
			8	9	4			
5	6	4				9	8	1

Easy 201

	2		9	4	8		5	
4								1
	6	8				9	4	
8		9		5		1		7
		4		8		5		
6		2		9		4		8
	7	6				3	1	
3								4
	4		6	3	1		8	

Easy 202

	6	7	2		1	4	8	
	3						7	
2				4				1
6	5			7			1	8
7			6	9	5			3
3	9			8			5	6
8				2				4
	2						3	
	4	3	9		8	6	2	

Easy 203

		2				7		
	8		3		1		5	
9		3	4		5	1		6
1			9	4	6			8
		6				9		
4			2	8	7			1
2		8	5		4	3		7
	4		7		2		1	
		1				4		

Easy 204

1			2		6			4
		6	3		5	9		
	4			1			2	
	6	7				1	9	
	5		7	3	1		6	
	1	4				8	7	
	7			6			1	
		5	1		7	2		
4			9		3			7

Solution on page 186

Easy 205

2	6			7			8	1
7			2		6			3
	9		1	8	3		7	
	4	2				7	6	
			4		7			
	1	7				4	9	
	2		7	9	1		3	
4			5		8			9
1	3			4			5	7

Easy 206

8	4			1			2	5
	6		3	4	5		1	
			9		2			
5		6		2		4		8
		8				2		
2		4		6		9		1
			2		1			
	5		6	7	8		9	
9	2			5			8	6

Easy 207

	8			1			4	
		2		3		5		
4	1		9		5		2	6
6			8		9			2
		4		2		7		
7			3		6			5
2	4		1		7		5	8
		6		5		2		
	7			6			9	

Easy 208

		1	7		4	5		
4				6				3
	6						7	
9		4	6		1	2		7
3	7		4		8		5	1
1		6	3		7	9		4
	2						4	
8				4				6
		5	2		3	1		

Easy 209

	3			1			7	
8			5		9			4
2	6			7			1	9
		2	3		6	4		
	1	8		5		3	9	
		3	1		8	7		
1	9			4			5	3
4			7		1			6
	2			8			4	

Easy 210

	3		8	5	4		2	
6			7		1			5
		1		3		8		
	5		1	7	8		6	
		2				3		
	7		2	6	3		5	
		3		8		5		
4			5		2			3
	1		3	9	7		4	

Solution on page 186

Easy 211

	1		9		8		2	
		9	6		1	8		
4								1
	7	5		1		2	8	
8	4		2		5		9	3
	9	1		8		5	4	
7								2
		4	8		2	7		
	6		1		7		5	

Easy 212

7		5				4		8
		3	2		7	6		
	6		5		8		7	
	4	6		8		2	1	
9				6				5
	3	8		5		9	6	
	5		9		6		2	
		7	1		4	5		
6		2				7		9

Easy 213

		8	3		2	7		
	1	7				9	2	
3	5			4			8	1
7			5		1			4
		5	6		3	2		
2			9		4			7
5	2			3			1	9
	3	4				5	7	
		1	2		8	4		

Easy 214

		9	6		1	4		
			8		3			
3	8			4			7	5
2	5			8			1	7
			7	1	6			
1	7			9			8	6
6	9			3			5	1
			1		5			
		2	9		7	8		

Easy 215

		1				6		
			9	1	6			
6	4		5		2		9	1
9		3				4		2
5		2	3		1	8		9
7		4				1		6
1	7		6		4		8	3
			1	2	7			
		6				5		

Easy 216

	8		9		4		3	
4		3		2		8		1
7	5						2	4
3		2		8		1		5
	1						7	
5		9		1		3		6
1	6						9	2
8		7		9		4		3
	3		1		2		5	

Solution on page 186

Easy 217

		2				5		
			9	5	4			
9	3		1		2		8	6
2	7		8		5		1	3
6		9				2		8
8	5		2		9		6	4
3	8		5		1		2	9
			6	2	8			
		6				8		

Easy 218

		8	4	2	7	9		
	2		1		3		7	
		3		9		6		
9	7						3	5
			7	1	9			
1	8						2	9
		7		3		2		
	6		5		2		9	
		5	6	7	4	3		

Easy 219

4		7		8		9		2
	3		5		4		7	
		1	9		3	4		
1				3				6
			6	5	7			
6				9				3
		6	3		9	5		
	4		2		8		6	
3		2		6		1		9

Easy 220

5	4						8	9
			6	4	9			
	3	9		5		7	6	
9			2		6			8
	7			9			1	
8			5		4			7
	5	8		2		4	7	
			1	6	7			
6	9						2	1

Easy 221

		2	9	8	7	1		
	9		2		5		4	
		8		1		5		
3	6						5	4
			8	3	4			
4	8						1	2
		1		4		9		
	5		3		1		8	
		6	7	5	8	4		

Easy 222

		1				4		
	4		3		7		1	
7		5	1		6	9		3
4			7	9	3			1
		8				2		
9			2	1	8			4
2		4	6		1	5		8
	6		4		5		9	
		7				3		

Solution on page 187

Easy 223

		1	9		7	2		
2		7	5		8	9		6
5				6				4
1	9						7	2
			4		3			
6	2						4	5
9				1				7
7		2	3		4	6		1
		6	2		9	5		

Easy 224

8			5		9			7
	9			8			2	
		4		2		8		
2	6		3		1		4	9
	3		4		5		8	
4	7		2		8		3	6
		6		4		9		
	8			5			1	
5			9		2			8

Easy 225

4		6	8		3	5		1
			2		1			
	7						2	
5	1			6			3	8
6	8		1		4		5	2
3	4			8			9	6
	6						1	
			9		8			
9		4	3		6	2		7

Easy 226

9	3						7	8
5		1		6		3		4
			7		4			
	8	9	3		2	7	5	
6	1						4	2
	5	7	4		6	1	8	
			8		3			
3		8		7		2		1
7	2						3	5

Easy 227

4		6	8		5	3		1
		5	3		7	4		
	9						5	
6	4			8			1	2
	1			2			3	
5	2			3			4	7
	3						7	
		4	1		6	2		
7		8	2		3	1		4

Easy 228

		4	1		3	7		
3								1
		7	6	4	9	3		
4	3			5			9	8
5		2				1		7
9	7			6			3	5
		5	8	3	6	9		
1								6
		9	5		7	8		

Solution on page 187

Easy 229

	6						8	
2			8	1	6			3
		3	5	2	9	6		
8			4		3			7
5		4		6		3		2
3			1		2			8
		8	3	9	5	1		
1			2	4	7			6
	3						2	

Easy 230

9		3		2		4		1
5		1	3		8	7		6
	8						5	
		5	9	1	2	3		
	1						2	
		2	7	8	3	5		
	3						4	
8		4	2		6	1		9
2		9		7		8		5

Easy 231

		8	9		5	7		
3				1				9
9	6		7		2		4	5
	7		8		1		5	
6								8
	1		2		6		3	
7	4		6		3		9	1
5				2				6
		6	5		9	3		

Easy 232

2			6	5	8			9
	6						8	
		9	1		7	6		
	2	3		4		5	9	
		7	3	1	5	4		
	4	5		8		3	6	
		8	5		4	2		
	1						5	
4			9	2	1			3

Easy 233

		8	6		4	7		
	9	2				6	1	
5				9				3
9		4				3		6
	2		9	4	6		5	
1		5				9		2
6				1				8
	8	1				5	3	
		7	5		9	2		

Easy 234

	4	9		8		1	2	
			4		7			
7	8		6		2		5	9
8		6				2		1
		2	1		6	8		
9		1				6		5
3	2		9		1		8	4
			2		5			
	6	4		7		9	1	

Solution on page 187

Easy 235

		3				1		
4	2			1			7	5
	8		7		4		3	
7		5	2		8	6		3
			4		6			
3		6	1		5	9		2
	6		5		7		9	
8	5			6			2	1
		2				7		

Easy 236

1	3	7				8	4	6
6			7		3			9
			8		6			
5		4		8		7		3
		9				4		
3		2		5		6		1
			6		8			
4			9		1			5
7	9	1				3	6	8

Easy 237

5			2		7			8
		4	1	9	8	2		
2				5				9
	2			8			9	
7		8	3		9	4		2
	4			2			8	
8				7				3
		2	8	1	5	7		
4			9		2			1

Easy 238

		3				1		
	6		1		9		3	
2			3	5	8			7
	9	8		1		7	6	
5		6		3		2		1
	2	1		6		9	5	
6			5	8	3			9
	8		4		1		7	
		4				8		

Easy 239

7		1		8		4		9
	6			9			5	
4	2			7			3	6
3			2		4			5
			8		9			
2			7		6			8
9	8			2			1	4
	3			4			6	
1		4		6		2		3

Easy 240

6								8
	4		9		7		1	
		7	8	5	2	6		
9		5		8		2		4
7	2						8	6
4		6		2		1		3
		4	2	7	3	9		
	9		1		6		3	
1								2

Solution on page 187

Easy 241

		1	6	5	4	3		
	9		1	2	3		8	
4								6
1			2	6	7			3
		2				6		
7			9	8	5			1
3								8
	6		5	3	8		2	
		8	4	9	6	7		

Easy 242

		7	2		6	5		
6								8
	4		9	5	7		1	
	7	3				1	8	
		9	6	1	3	4		
	6	1				2	3	
	8		4	6	9		5	
9								1
		6	1		8	9		

Easy 243

			4		3			
2		5				1		7
4	7			1			9	8
5	8	1				6	7	3
			1		7			
9	4	7				8	2	1
8	2			5			1	6
6		4				5		9
			3		1			

Easy 244

			7		6			
1	6		8		4		7	9
		8		5		4		
6	5		2		1		4	8
9				8				6
8	2		6		9		5	3
		6		9		5		
4	1		3		5		8	2
			4		8			

Easy 245

	7		4		6		3	
		8				5		
6	3			2			7	4
8		2		4		7		1
	4		9	8	7		2	
3		7		1		4		8
2	5			7			4	3
		3				2		
	8		2		3		1	

Easy 246

	2						5	
4			1	2	3			7
8	7	3				9	2	1
	1		5		8		7	
9								4
	5		4		9		1	
6	4	1				7	9	5
2			9	1	5			6
	3						8	

Solution on page 188

Easy 247

	3	9	8		6	2	7	
			9	7	5			
5								8
3		6		8		4		7
		5		3		6		
8		1		6		5		9
7								6
			6	9	2			
	6	4	3		7	8	1	

Easy 248

			2		4			
6	4	7				5	9	2
	8	2				4	3	
4	2			3			1	6
3			4		6			7
8	7			2			4	5
	6	5				1	8	
1	9	4				7	6	3
			9		1			

Easy 249

			5		3			
8								3
7	4			2			8	6
	5	2	6		9	8	3	
6		1		3		2		4
	8	7	2		4	6	5	
1	7			4			6	5
2								8
			1		8			

Easy 250

8	1			6			3	7
6								8
3			1	4	8			9
		3	4	7	9	8		
	8						9	
		4	2	8	6	3		
4			9	1	5			6
9								2
5	6			2			4	3

Easy 251

		3	1		9	7		
	7		2	5	6		4	
4								1
2	6			9			1	5
8				1				7
3	1			2			6	4
7								6
	2		9	6	7		8	
		6	4		2	5		

Easy 252

	4						3	
8				4				9
9	1		6		7		5	4
	3	1		6		5	8	
2			5		4			6
	6	9		1		4	7	
1	2		3		5		9	8
3				8				1
	8						2	

Solution on page 188

Easy 253

2		9				8		3
	1						4	
8	3		5		2		7	9
7		6		2		5		4
			8	4	7			
4		1		5		3		7
9	4		6		8		3	5
	5						6	
6		8				4		1

Easy 254

	4	9		7		1	8	
		3	9		1	7		
5				8				2
1	3		7		8		5	4
			4		2			
4	7		6		5		2	9
7				6				1
		6	1		9	4		
	5	1		4		2	3	

Easy 255

		8				3		
3			9		6			4
		1	5	3	2	9		
8	3						4	5
5		6	3		8	1		9
1	9						6	3
		9	2	4	3	6		
6			1		7			2
		4				5		

Easy 256

	6	3	9		5	2	7	
2	9			3			4	5
5			7		2			1
	7						5	
			3	8	1			
	2						8	
6			4		3			9
7	3			1			6	4
	1	4	8		6	5	3	

Easy 257

8		3	2		4	7		5
	9						8	
1			8	6	7			3
6			4		2			7
		7				4		
9			5		6			8
3			6	4	5			2
	2						5	
5		6	1		3	8		9

Easy 258

	1		8		6		2	
4								9
		8	1	9	4	6		
2		4		1		7		6
1	9						8	5
8		7		2		3		1
		2	3	6	7	1		
3								2
	8		2		1		7	

Solution on page 188

Easy 259

		6				1		
	2	5	1		9	8	6	
			6	5	8			
2	6						9	1
9			8	3	2			4
4	5						8	2
			3	1	4			
	7	2	5		6	4	1	
		1				9		

Easy 260

		9	5		2	7		
7				3				2
6	5		9		7		8	4
	9		7		3		6	
1								7
	2		6		1		4	
2	8		3		4		7	5
5				6				9
		4	2		5	1		

Easy 261

	4						2	
	2	9				6	3	
3			5	2	9			8
2			3		1			6
6	1		4		7		8	9
5			9		2			4
4			2	3	8			7
	3	7				8	6	
	8						5	

Easy 262

1			8		3			5
		9	7	5	2	3		
6				9				8
	9		5		6		7	
2				3				6
	8		2		7		9	
4				2				7
		5	6	1	4	2		
9			3		8			4

Easy 263

9	6	2				1	3	8
			9		1			
	3	7				9	5	
6			2	1	3			5
	1						9	
7			5	9	4			1
	9	6				5	8	
			6		8			
4	8	5				6	1	7

Easy 264

6	2			3			8	7
	7		2	5	6		3	
			9		8			
9		7		6		4		8
		8				2		
2		4		8		6		3
			8		7			
	9		3	4	1		6	
3	8			9			4	2

Solution on page 188

Easy 265

	3	5	8		2	9	6	
8								3
			3	7	9			
	8	7				3	4	
5		3	1		4	7		2
	6	2				1	5	
			9	4	7			
3								7
	7	6	5		8	4	2	

Easy 266

	6	1				4	8	
9			8		1			7
			9		4			
7	5			4			1	2
3		8		1		5		4
1	4			9			6	8
			4		6			
6			5		7			3
	3	7				8	5	

Easy 267

		5		3		6		
4			8		6			5
2			1		5			8
7	5			6			8	2
		3	7	1	8	5		
1	8			2			7	6
9			3		7			1
5			2		9			3
		8		4		2		

Easy 268

	1	9	3		6	4	2	
			5		2			
2	3						6	8
9	7			5			8	1
			1		3			
1	5			6			4	3
4	2						7	5
			6		5			
	9	5	4		8	2	1	

Easy 269

	3	1	5		2	7	9	
		5	9		7	1		
9	2						5	3
		4		2		3		
5				4				9
		2		9		4		
1	6						3	7
		8	1		3	9		
	7	3	6		9	8	1	

Easy 270

8		2	4		3	5		9
	4		9		6		3	
	3						8	
		9	7	3	8	1		
	1						9	
		7	5	9	1	4		
	9						1	
	7		8		9		4	
3		8	1		4	9		7

Solution on page 189

Easy 271

9		7	6		4	8		1
	3						5	
1			8		3			2
4	9			3			1	8
			1		2			
7	2			8			6	4
5			3		8			9
	8						4	
2		3	4		1	6		5

Easy 272

9		5	7		2	1		8
			3		6			
3		1				7		2
7	3			2			4	6
		8				2		
5	2			8			9	1
2		7				4		9
			2		4			
4		3	9		1	6		7

Easy 273

	9	6				1	3	
7		2	1		5	8		4
	4			9			5	
2				8				9
			4	7	9			
9				1				3
	8			4			7	
4		9	7		6	3		8
	5	7				2	4	

Easy 274

	9	7		8		1	3	
			5	9	2			
5		4	3		7	6		2
		5				8		
			8	7	1			
		9				4		
1		8	7		3	9		6
			1	4	6			
	2	6		5		3	7	

Easy 275

	7	3		1		6	5	
		1	8		6	2		
6				2				9
8	3		5		2		9	1
			3		1			
1	5		4		9		7	6
3				4				5
		9	6		8	7		
	4	6		9		8	1	

Easy 276

1								5
5	3			8			7	2
	6	9	7		3	1	8	
3			9		4			1
	7			2			3	
6			8		5			7
	1	2	5		8	7	4	
7	5			9			1	6
8								9

Solution on page 189

Easy 277

	7		9	5	2		1	
			3		8			
8		6		1		3		2
2	9						5	7
		7	2		5	8		
3	8						2	6
5		9		2		7		4
			7		6			
	3		5	4	9		6	

Easy 278

		6				2		
1			2		6			9
	5		9	1	3		6	
	6	8	4		1	5	7	
7								1
	1	5	3		7	8	9	
	4		5	7	8		2	
5			6		2			8
		3				6		

Easy 279

		4	8		1	6		
	6	8				4	3	
3	2			4			1	9
8			5	7	4			6
		6				2		
9			2	6	3			8
2	4			8			5	1
	1	3				9	8	
		5	1		2	3		

Easy 280

9	6		1		4		7	8
	8	1		6		3	9	
4								2
8			4		6			7
		4	9		2	8		
1			8		3			5
7								6
	9	6		8		1	4	
3	4		6		1		8	9

Easy 281

8	2		4		5		1	9
		5				3		
	1		8		3		4	
6		2		5		4		1
	5						7	
4		7		9		2		5
	7		1		9		6	
		1				9		
2	9		3		6		5	7

Easy 282

	8		7		1		9	
2			5	3	8			4
		3				1		
1		9		6		8		7
		8		7		2		
7		2		1		6		9
		4				5		
9			6	2	7			3
	6		4		3		2	

Solution on page 189

Easy 283

		4	3	6	7	1		
6	3			9			4	2
		8				3		
4			1		3			8
		3		8		4		
2			4		6			1
		1				2		
3	5			2			1	4
		2	5	1	4	7		

Easy 284

	8	2		7		3	1	
		5	2		9	8		
4								9
2		6	3		1	9		8
	3						6	
8		4	7		6	1		2
7								1
		1	4		3	5		
	9	8		1		4	2	

Easy 285

	1						6	
2			1	7	3			5
8			4		6			2
	8	2		6		5	9	
7		4	3		9	1		6
	9	6		4		8	3	
9			2		7			8
5			6	1	4			3
	7						4	

Easy 286

	2		5		3		8	
1								5
4		5				2		7
2	1			8			5	9
	9		2	6	5		1	
5	3			9			2	4
9		8				1		6
3								2
	4		6		1		9	

Easy 287

	1			4			7	
2			7		9			8
	7		5		3		6	
5	2	7				3	9	1
			2		5			
4	9	8				6	2	5
	8		3		2		1	
7			9		6			3
	3			8			5	

Easy 288

	5		6		9		8	
9		8		7		3		6
		7	4		2	1		
8								3
	4		9	1	7		6	
6								7
		1	5		3	6		
4		6		9		2		5
	9		7		6		3	

Solution on page 189

Easy 289

		3				4		
8			5	2	3			9
7		6	4		1	3		8
	3	9		8		7	4	
	7						8	
	8	5		7		2	3	
3		1	9		5	8		7
5			8	3	2			4
		8				5		

Easy 290

6			5	7	9			8
8		9				7		5
	7	5				9	6	
	2		9		3		5	
		3		6		4		
	6		7		4		3	
	8	4				5	9	
3		2				6		1
9			2	4	5			3

Easy 291

6			4		8			5
	4						2	
	5	3	1		2	6	4	
	8			1			5	
		6	9	2	5	7		
	2			8			6	
	3	5	2		1	8	7	
	9						1	
1			5		9			2

Easy 292

		3	1		4	9		
6				5				2
	5		6		3		1	
	2	6				1	7	
9	3		4		2		6	8
	7	5				4	2	
	9		8		7		4	
1				4				7
		7	2		1	6		

Easy 293

4	5			6			1	7
		7	9		1	5		
9								8
5	3		6		7		4	9
		4	3		9	6		
1	6		4		8		2	3
7								6
		1	2		3	4		
3	4			9			8	2

Easy 294

	7	4		6		8	5	
5	1						2	6
9			5	8	1			7
7								8
		6	4	3	5	1		
1								4
6			3	1	2			5
8	2						1	3
	3	1		5		7	9	

Solution on page 190

Easy 295

3	5						2	8
			2	6	5			
2		1				6		5
	4	5		9		2	8	
9			7		8			4
	3	8		1		5	9	
1		9				8		2
			9	8	7			
8	6						7	9

Easy 296

	9		4		5		3	
7			3	8	6			1
		4				8		
5		3		2		9		4
		1		5		3		
9		2		4		1		5
		6				7		
8			5	1	2			9
	1		8		7		2	

Easy 297

3		6				8		7
		7				5		
4	8		7		9		6	3
1			5	8	2			9
	9						8	
7			4	9	6			5
2	4		8		5		7	1
		1				3		
8		9				4		6

Easy 298

2		6	4		7	3		5
	7						2	
4				1				7
1		4	3		8	2		6
		8				1		
3		7	1		2	8		9
6				4				8
	5						3	
7		9	8		5	6		2

Easy 299

9	8			7			6	1
		4	8		1	3		
	5		4		3		7	
5			6		4			2
		2				7		
6			7		2			3
	2		9		6		1	
		5	1		8	6		
4	6			3			2	9

Easy 300

8	6						4	2
		3	5		8	6		
4			2	7	6			8
		4		3		9		
		5	7	2	1	4		
		1		8		7		
3			1	9	4			6
		2	8		7	1		
1	4						7	9

Solution on page 190

Easy 301

	2		8	6	9		4	
1			4	2	3			9
9								3
7	6	8				2	5	4
			7		4			
4	5	9				1	3	7
5								2
8			2	3	6			5
	3		9	7	5		1	

Easy 302

1		2	3		8	6		9
	4		5	7	9		1	
8				2				7
		3				4		
		9	2	6	4	1		
		1				9		
2				8				1
	1		4	9	2		6	
9		8	7		1	5		4

Easy 303

	9						6	
3	6		7		2		8	1
		2				7		
7		1		9		8		4
9	4			2			5	3
6		3		8		1		7
		5				4		
1	7		5		4		3	8
	8						1	

Easy 304

		8	2		7	1		
			9		5			
	4	5		1		2	8	
6	7			5			1	4
4		3	7		8	5		9
8	5			9			7	6
	9	6		7		4	3	
			8		9			
		7	4		6	9		

Easy 305

6								3
7			9	5	1			8
	9	4				5	2	
	7	9	8		4	2	5	
	5			3			8	
	6	8	5		2	3	1	
	8	1				7	9	
2			1	9	7			5
9								4

Easy 306

	6	7				1	8	
			3		6			
3	4			8			5	9
5	3			6			9	7
7		6				8		1
8	1			3			6	2
1	5			7			4	6
			1		5			
	7	8				9	1	

Solution on page 190

Easy 307

			2		6			
8		2		9		6		1
9	6		5		1		8	7
2			9	3	7			4
		7				9		
4			8	6	5			3
5	4		1		8		9	2
7		9		5		8		6
			6		9			

Easy 308

4								1
	5	1				4	8	
2			8	1	4			9
		6	1		9	8		
3	1		6		8		5	2
		2	5		3	1		
6			3	8	7			5
	3	8				6	2	
1								8

Easy 309

	6						1	
2			4		6			3
	5		3	8	1		2	
1		9		4		2		5
8				1				4
7		6		9		1		8
	8		5	2	9		7	
5			8		7			2
	7						5	

Easy 310

1		5		2		8		7
8		3	4		7	9		5
	9						6	
		1	6	5	2	7		
	7						3	
		6	7	3	8	1		
	1						5	
4		2	5		6	3		1
3		9		7		6		8

Easy 311

9		8				6		3
		4	3		9	2		
	3			5			9	
7	4		8		1		5	2
		5		2		4		
3	2		5		7		6	8
	9			3			8	
		7	2		4	9		
1		3				5		4

Easy 312

		2				3		
5			3	1	2			6
1	6	3				5	9	2
3			4		8			1
	7		6		3		4	
2			1		9			3
9	3	8				6	5	7
4			8	6	7			9
		7				1		

Solution on page 190

Easy 313

3								5
	4	5		7		9	8	
		2	8	5	3	4		
1	2						6	9
7		9	6		8	2		4
8	5						3	1
		3	7	8	9	5		
	7	1		6		3	9	
5								7

Easy 314

	4						9	
3		8	6		4	5		1
			9	7	1			
	3	4				7	6	
6			7	4	8			2
	2	7				9	1	
			2	1	7			
1		2	3		9	4		7
	7						2	

Easy 315

4		7	6		9	1		3
			4		1			
6	8						9	4
9	4			1			2	6
		2				9		
7	1			6			5	8
8	5						7	9
			5		8			
2		9	7		6	8		5

Easy 316

		3	1		2	4		
	2						5	
9	4			6			8	1
3	8			2			1	4
			5	7	1			
1	7			8			2	5
7	9			5			3	2
	1						6	
		2	6		7	8		

Easy 317

	6	7	5		9	4	2	
			6		8			
9				1				5
7	5			4			8	2
	8		2		5		4	
4	1			6			5	7
6				5				4
			1		4			
	4	3	7		6	5	1	

Easy 318

	9		4		8		2	
		8		7		9		
2			5		3			6
4	1		9		7		6	3
	8						7	
3	7		6		2		9	8
7			8		9			1
		3		6		7		
	5		7		4		3	

Solution on page 191

Easy 319

7		6				9		5
	4		6		5		8	
1				3				2
6		1				3		4
		8	5	9	3	2		
9		2				5		8
2				6				1
	6		1		4		2	
5		7				4		3

Easy 320

8		7	2		5	4		1
2			1		9			8
	4			8			5	
	7		9	1	8		6	
9								7
	5		4	7	3		1	
	2			9			8	
5			8		6			3
4		3	7		1	9		6

Easy 321

	3	9	2		4	5	1	
4			6	1	8			2
		1		9		6		
		7		3		1		
			5		7			
		2		4		7		
		3		5		8		
1			7	8	3			9
	5	8	4		9	3	6	

Easy 322

		7	1		9	2		
	6						1	
9		3	4		2	8		5
2				4				1
5		6		9		3		8
3				2				7
1		5	3		6	9		4
	3						8	
		8	2		4	1		

Easy 323

	8	4	2		3	7	1	
			1		4			
6	2						4	3
		8		3		4		
1			4	2	5			6
		6		1		3		
4	1						8	9
			7		9			
	9	2	6		1	5	3	

Easy 324

9	8						6	4
2			9		8			3
		7		3		8		
8		4	5		9	3		6
	5		8		7		2	
7		1	3		4	5		9
		5		7		2		
4			6		1			5
1	3						4	7

Solution on page 191

Easy 325

	1	5		4		6	2	
	4		1	3	6		7	
6			7		2			1
		4		1		9		
	9						1	
		7		9		2		
4			5		3			7
	5		4	7	9		6	
	7	3		6		5	4	

Easy 326

			1		8			
9	4	1				7	8	2
6	2			7			1	5
		5	2		9	8		
7	8						2	3
		4	7		1	5		
4	9			1			5	8
3	5	7				4	6	1
			5		6			

Easy 327

			1		3			
6	3		8		5		1	7
		8		2		5		
5	8		7		4		2	1
1				5				6
9	2		6		1		4	5
		2		6		1		
4	5		2		9		7	8
			5		8			

Easy 328

9	8		5		7		2	6
1								8
		3	4	8	9	5		
		6				2		
	3	1	9		4	7	6	
		2				4		
		8	7	9	1	6		
2								3
5	6		2		8		9	4

Easy 329

6	9						8	3
7								2
		3	9	7	5	6		
1		2	5		9	4		6
			3		7			
3		9	2		6	8		7
		1	6	9	4	2		
4								9
9	6						5	4

Easy 330

7	3		5		2		8	9
		2		6		4		
			3	7	8			
2		3				5		1
			9	2	5			
9		8				7		6
			2	1	4			
		4		5		6		
8	2		7		6		1	4

Solution on page 191

Medium Puzzles

Medium 1

9			6		8			
		1					4	
5	4	8						7
				7			8	
	8	3		2		9	1	
	2			8				
3						1	6	5
	1					2		
			4		3			9

Medium 2

			1		3	4	5	
3				5	2	6		
		1		6				
					9	5		7
	3						9	
9		5	6					
				2		1		
		9	4	8				2
	4	3	7		1			

Medium 3

9			2	7		5	3	
	1	8						
7		2						
5	2		3	8				
	8			1			5	
				6	7		8	4
						1		9
						4	2	
	7	1		4	9			5

Medium 4

	9		1				3	
		1	9	4				8
8	5				7			
			2					3
2		3		1		6		7
1					3			
			3				6	4
3				7	5	1		
	7				1		5	

Medium 5

2		7	1	5	6		8	
8						6		1
		1	9					
			8	2			6	
9								5
	7			4	9			
					1	3		
7		6						2
	4		2	7	5	1		6

Medium 6

	7		4			9		2
6				3	7			
	3	5						
			7	2				
	9	8	1		3	6	2	
				6	9			
						8	7	
			3	8				9
5		4			2		1	

Solution on page 191

Medium 7

		3			8		2	
	2	5						
				4			7	5
9		7	1		3			
1								9
			8		6	5		7
6	3			1				
						2	4	
	1		4			3		

Medium 8

		3	7			5	9	8
7			3		5			
				1				2
	2		4				5	
5								3
	9				7		6	
9				8				
			5		2			9
8	5	6			4	1		

Medium 9

		4		3	2		7	
1								5
		6				9		
8	6				4			
		2	9	8	5	1		
			1				2	4
		3				5		
9								6
	1		5	7		3		

Medium 10

8		4	1	5			7	
		6	8					9
		3						1
				9	8		2	
9			7		2			5
	2		3	6				
5						4		
3					5	1		
	6			8	1	3		2

Medium 11

	3	7			6	8	5	
8								6
2					8		7	
				4	9		1	
4								8
	2		8	3				
	9		1					7
1								4
	8	5	7			3	9	

Medium 12

	6		2	3	9			
			4			5		2
3			8					
		5		1			4	8
4								6
6	2			4		7		
					4			3
1		8			3			
			5	9	2		1	

Solution on page 192

Medium 13

3	1		5				8	
					6	4		5
	9				1			2
			3	1	7	6		
	2						9	
		3	2	9	8			
6			8				4	
4		7	1					
	8				4		3	7

Medium 14

3	6	8		7				1
					3	7	8	
					4			2
9		3	7					
			8	5	6			
					9	4		5
8			4					
	1	7	3					
2				1		9	5	7

Medium 15

		1				5		
9	8	5		1				
4			9			3		
8			1		2			
1	2			4			5	6
			6		8			9
		4			1			2
				6		1	4	7
		7				9		

Medium 16

							8	2
	4		6		3			
	8			1		9		
	6	4						8
	9		8	5	4		7	
5						1	4	
		5		4			6	
			3		6		1	
8	7							

Medium 17

6	9	8			4			
3				6				
1		7					4	9
2		6	7					
			4		8			
					5	7		1
4	5					1		6
				5				4
			1			5	8	7

Medium 18

	9	6	7					
			9				5	2
		7						1
	1			7	6	2		
8				5				4
		2	1	8			6	
4						3		
3	2				5			
					2	4	1	

Solution on page 192

Medium 19

		6		8				
9			2		4	6		
8		7	9					2
	8	5			7			
	9			2			3	
			1			8	4	
6					2	5		4
		9	4		8			6
				1		7		

Medium 20

	9		3		6		1	
		4		8	7			2
		5	4					
					3		8	7
			1		9			
4	3		2					
					2	6		
8			7	6		3		
	1		9		4		2	

Medium 21

8		5		4			7	
4	6						3	
9					8			
5		9		6			4	
		7	9		5	2		
	8			3		9		7
			4					1
	3						9	5
	9			8		7		6

Medium 22

3		7		9				
8					5		4	
						2	8	3
			3		4		1	
4			9		2			5
	5		7		6			
2	7	4						
	6		5					1
				2		4		7

Medium 23

3	7		4		6		9	
6		2				7		
	9						3	
	2	3		9				
			3	1	8			
				2		8	5	
	8						4	
		7				1		6
	4		2		3		7	9

Medium 24

6	9		1		7	3		
		4			8			6
8			6	5			7	
4	8							
			7		3			
							9	1
	3			4	6			2
1			8			6		
		2	3		1		8	7

Solution on page 192

Medium 25

5	3		9	6		4		
	1							9
			1			5		
		5	8		7			4
		4	6		2	7		
6			4		9	8		
		6			1			
3							7	
		7		9	3		8	6

Medium 26

	5				6	3		
1				5	7			
4			1				6	
5		2				9	3	
			4		3			
	3	8				1		7
	1				4			3
			8	9				1
		9	2				8	

Medium 27

8		1		6				3
	6	4					5	
	2	3		7				
1					6			
9			8	5	1			4
			9					7
				1		2	6	
	5					4	3	
3				2		8		9

Medium 28

	8		9	4			6	
			6					2
		1					5	9
				6		2		1
		9				7		
6		4		2				
8	3					1		
2					8			
	4			5	3		7	

Medium 29

	4		9					2
		2	8					
8	7			6		1		
6			1	3	9			
1								8
			4	8	7			9
		9		1			5	4
					2	8		
3					5		7	

Medium 30

	6	4						
5		9		6	1		3	
3					9			7
			5	3				
4	2						5	8
				8	2			
7			9					3
	8		6	4		7		2
						8	9	

Solution on page 192

Medium 31

5				8	1		3	
2	3				5	7		
		6			7			
9		8	5					
3								7
					8	4		3
			4			5		
		3	8				4	9
	8		6	7				2

Medium 32

		7	5			6		
					4		9	
9			3			7	5	8
				7		9		5
			4	8	3			
6		2		5				
8	3	9			2			4
	2		9					
		6			5	2		

Medium 33

7	2	1	9					4
	5		4					
		9					3	
				2	5			
4		2		1		6		9
			3	4				
	6					8		
					8		2	
8					2	4	1	6

Medium 34

1		4		8	7	2	3	
	7					5		
		5						8
5			8				1	
2				5				6
	8				3			2
4						9		
		7					2	
	5	8	3	2		6		7

Medium 35

2	9	7				4		6
4				2				
				6			5	2
			6	7		1	3	
			5		1			
	8	1		9	2			
9	3			4				
				1				9
1		6				3	2	4

Medium 36

	4	3	5	9				6
8		7		6				
			8				2	
					3			8
	1	9				4	7	
3			4					
	2				1			
				2		7		9
9				8	5	1	6	

Solution on page 193

Medium 37

9		3	7				8	
						7	9	1
			1	6				
	8	2	6					
		6	2	9	3	8		
					5	1	2	
				5	1			
4	9	1						
	3				7	9		2

Medium 38

3					2	9	5	
			7				3	6
	5		8				1	
			9	7				3
		7		4		5		
8				5	1			
	1				7		9	
7	2				9			
	4	9	6					2

Medium 39

	5	1		2				9
8		4					5	
9				4	6			
4	6		7			5		
			4		5			
		8			3		6	4
			2	1				5
	8					9		1
1				3		6	7	

Medium 40

				7	9	8		4
2	8							
5							6	9
8		7		2	1			
6			3		4			7
			7	6		4		2
1	5							6
							5	3
7		3	6	5				

Medium 41

	3		9	2			7	
8		9						3
4					3	8		
		6		8				
7		4		1		6		8
				6		9		
		5	4					1
2						4		7
	4			3	6		8	

Medium 42

		9	5					8
2	4	8				1		
				3	4	9		
				7	1			
5	7						1	2
			6	5				
		7	3	6				
		5				4	3	1
9					8	7		

Solution on page 193

Medium 43

3		2		1	4	9		
6	7							
9				6			1	
4			8		6			
8		5				6		4
			3		1			5
	6			2				1
							9	2
		8	1	9		5		7

Medium 44

		7	5		6		2	
1			4			6	9	
8				2				
					2			4
	6			3			7	
5			9					
				6				8
	5	8			3			7
	4		1		9	2		

Medium 45

5		6		2	8			
			5				1	
7		9						5
	6			8				9
9			4		5			7
8				6			5	
2						7		3
	3				7			
			1	9		6		8

Medium 46

3	8	9	7				6	
7						1		
4	5			8				
			3		9			5
	7			4			1	
8			5		1			
				5			2	8
		8						6
	6				7	9	5	1

Medium 47

	5					9		
				3	1		5	
7			6			8	1	
	1	8						
6			4	7	5			8
						3	2	
	2	4			9			1
	6		1	8				
		3					8	

Medium 48

	7			9		6		
		3						4
6		9		2				
3					4			
	4	1	7		3	8	9	
			2					5
				1		4		6
9						7		
		5		4			8	

Solution on page 193

Medium 49

	8	7	4					
9			1			2		
1				2			7	3
6			3		4			
8								1
			6		1			9
4	1			6				8
		8			9			2
					5	9	4	

Medium 50

		8	5	9	4			
5		7		6			1	
2	6				1	3		
							3	7
			3		7			
6	7							
		1	7				6	9
	3			2		8		1
			1	8	6	4		

Medium 51

	7		9	1	4	6		
							4	5
4	3							
	9			7	5			6
		2		6		9		
6			1	3			7	
							6	4
3	5							
		1	5	4	7		8	

Medium 52

						8		9
5					4	2		
9		6	8				5	
4			7	1			6	
	8						4	
	1			2	6			7
	4				2	7		5
		3	5					1
7		5						

Medium 53

	2	3	6		4	1		
1		5					2	
7				1				
				2	6	7		
		6	5		3	8		
		8	1	7				
				5				3
	5					9		1
		1	4		7	5	6	

Medium 54

		8				5	3	
		9	4					8
1				6			2	
	8			5		4		
	2		1		9		8	
		7		8			5	
	3			4				2
7					6	1		
	5	4				3		

Solution on page 193

Medium 55

4	1			7	6	9		
	3					8		
		9	8					
			5				9	7
		5		8		4		
1	2				3			
					5	3		
		4					7	
		1	3	4			6	2

Medium 56

	1	3	2	6				7
	7							3
		2	9				1	
3					5			
	5			3			9	
			1					4
	6				4	1		
9							6	
1				5	7	2	4	

Medium 57

3	6	2		8		1		
	1		9			6		
5				1				
8				4	6			
2								1
			1	2				3
				7				6
		3			4		5	
		7		5		3	4	2

Medium 58

6				7	9		3	
3							1	
		8				6	5	4
4		6	2		5			
			8		3			
			1		7	4		3
2	6	7				1		
	4							9
	1		7	8				6

Medium 59

	7		9	5		3		4
	1		3					
	3						7	5
		2			1	5		
			7	3	9			
		6	2			8		
1	8						4	
					3		6	
9		4		1	7		5	

Medium 60

	4			7				6
2	9	5			6	8		
6		7						
8					1		5	
		1				4		
	3		5					2
						3		5
		4	6			7	9	1
9				2			4	

Solution on page 194

Medium 61

	4		7					6
				3			8	
3		9				2		7
	8		6	5				1
	7			8			5	
4				1	7		2	
2		8				5		4
	6			7				
5					3		6	

Medium 62

7	1		6		8		3	
	4			7				
6						8		
		9			4			5
1		6	5		9	3		7
5			3			1		
		5						2
				3			9	
	2		9		5		1	3

Medium 63

5	9	7						6
		2		8				1
				3			5	
3		6	1					
	1		7		3		8	
					4	3		9
	7			2				
9				7		2		
6						9	7	5

Medium 64

	3	2	7	4		9		1
		1					3	
				2		4		
	6		3	8	7			
7								3
			6	9	1		7	
		3		7				
	7					3		
8		9		3	5	7	2	

Medium 65

	3	1		8	2	6		
	5					2		
6	2				5			
1			4		8			
8				6				2
			7		9			8
			2				8	1
		5					4	
		9	3	7		5	2	

Medium 66

9		6		3		4		5
8					4		7	
	3		1		7			
5							6	
			6	2	5			
	9							1
			3		9		4	
	6		4					8
1		8		5		2		3

Solution on page 194

Medium 67

2	9		6	5				
3	1							8
		6				9		5
9		4	1			6		
5								9
		8			6	4		3
8		2				3		
7							9	6
				7	2		8	1

Medium 68

9	8	3			6		2	
	2				3			
4						7		1
	3		4	9				
8			3		2			4
				1	8		7	
6		8						3
			9				6	
	4		8			1	9	2

Medium 69

4		7	5				3	
	2		3	1				
		1						4
9		4		8				
8		2		3		4		9
				6		8		3
5						9		
				4	8		1	
	7				2	3		6

Medium 70

		8	1			7	9	4
		4					5	
	1				4			
3				1				7
2			3	4	9			1
4				6				8
			9				8	
	2					4		
8	5	6			3	2		

Medium 71

			7		9			1
	6						7	
2		8		6			5	
	5			1		7		8
7								5
8		4		7			3	
	2			5		6		3
	1						4	
3			6		2			

Medium 72

	2	5		4	8		1	
3						8		
7								3
4			6					
		1	4	8	5	6		
					3			5
2								9
		6						8
	8		9	6		3	5	

Solution on page 194

Medium 73

8				7	5	3		
3	5						2	
					8		5	
6			4		7			
		2				5		
			1		2			4
	1		8					
	9						8	6
		5	7	4				1

Medium 74

9				7		3		
6							5	
1	8	4		6				
	6	3			4			
5			7		1			2
			9			7	8	
				4		9	2	6
	2							1
		6		1				5

Medium 75

2	9		5		1	4	8	
	7							6
1				2				
4		7	1	6	9			
9								1
			2	5	8	9		4
				1				2
7							4	
	4	2	8		5		3	9

Medium 76

9						4		2
					7		6	
8			1			7		
	9			2	4		8	
4			3		9			7
	3		6	8			5	
		4			3			6
	7		2					
5		1						3

Medium 77

7						2		
		9		6	4			8
2	6		8					
		3			8			
5	8			4			1	7
			9			3		
					3		9	4
8			6	2		1		
		6						3

Medium 78

6		9	5			2	3	
	4		6		3	7		
3								4
				1	5	4		
7				2				3
		4	3	8				
4								2
		7	9		4		6	
	5	6			1	9		7

Solution on page 194

Medium 79

		6	3					8
				2			1	3
	9		7	8				6
			4			2		
	4		2	3	5		9	
		2			8			
4				5	2		3	
2	5			9				
6					3	8		

Medium 80

3		7			5		6	
6			3			2		9
8	4							
1				6				7
	9						1	
5				4				2
							5	1
4		8			1			6
	5		9			7		8

Medium 81

	3		1			2	5	
1							4	
9		8		3				7
3			9					
	9			7			8	
					5			1
7				2		8		6
	1							9
	8	5			6		7	

Medium 82

5		7		6	8			1
		9		7				6
	3	6						
				5			2	8
	8		3		6		9	
3	9			2				
						4	6	
9				1		7		
7			9	8		2		5

Medium 83

		4			1			3
		8		7		4	9	
						2	1	7
		5		8	2			
9								2
			5	1		6		
4	9	3						
	5	7		2		8		
8			1			9		

Medium 84

	1			6	7		5	
	4			2				3
3		9						
2	3		9					
		1	2		8	3		
					6		1	2
						6		5
5				9			7	
	8		6	1			4	

Solution on page 195

Medium 85

1	5		9	2				7
7	3	9			6			
	8							1
				7		8	3	
			8	5	9			
	9	4		1				
9							8	
			7			5	6	4
6				8	4		7	3

Medium 86

3			7		2	8		
7					3			
8	5					7		
			8	2				
	2	8		7		4	6	
				5	1			
		1					9	7
			6					1
		6	1		5			3

Medium 87

4		6						5
		3			8		6	
		8		5	7			2
	1							7
			7	6	3			
8							3	
6			2	7		1		
	3		8			5		
5						9		4

Medium 88

4	1	3		8				
	6		4				8	3
					5			6
8		2	6		7		3	
			5		8			
	7		1		9	6		8
7			8					
6	3				4		9	
				7		3	6	5

Medium 89

5				9	4		2	
3				6				
	6	4					9	3
	7		4		9			2
		6		8		1		
1			6		3		7	
9	5					2	1	
				4				7
	8		2	3				5

Medium 90

				7			4	3
	9	2			4	8		
	1		2				9	
	5		4			6		
8								1
		1			6		2	
	3				2		8	
		8	6			9	7	
5	2			9				

Solution on page 195

Medium 91

	8	7		9		6	2	
5				6				
			4				7	
8		4			3			
6			7	4	1			5
			6			2		7
	9				8			
				2				3
	6	8		3		7	1	

Medium 92

	8	7		5		4		
5	6	2			1			
	3							6
			3	2				8
7								2
8				6	4			
9							8	
			4			7	6	5
		4		8		9	1	

Medium 93

3			9		2	5		7
5				4				
				8			2	6
2		3			7		4	
6								5
	7		6			2		8
9	5			2				
				6				2
4		2	5		9			1

Medium 94

	8		7	9		4		
	3	4				1		
	7				3			
				4		9		6
6	1			8			2	4
3		9		2				
			9				6	
		3				8	7	
		7		3	6		4	

Medium 95

		4					7	
		3		4				
9		6			1			3
	1		2	8			5	6
			3		7			
2	8			9	5		3	
6			5			3		8
				2		5		
	3					2		

Medium 96

5	8		6	2		4		
	7					5		1
2			7					6
9	4							
			2		6			
							8	9
3					2			5
4		2					3	
		5		7	9		6	4

Solution on page 195

Medium 97

				1	5	3		6
1								9
5	8					7		
		8	5	6				3
7	3			4			6	2
6				9	7	8		
		6					4	8
8								7
2		9	1	7				

Medium 98

		8	1					
1			5		3	4	7	
9				4				
				3	4			
6	1		9		2		4	8
			6	1				
				2				7
	4	2	3		8			6
					6	3		

Medium 99

	9	5	7			8		
6				1	4			
8				3			7	
2		1	4					
	3			5			8	
					1	5		7
	4			6				8
			1	8				3
		2			3	7	5	

Medium 100

3			6		1			
	5							3
7	4			3			9	
2		1			8			
		8		4		7		
			7			2		9
	3			7			2	8
9							3	
			3		6			4

Medium 101

9	8					3		2
3					9			
		6		2			1	
7	9							
6			4	1	5			3
							2	4
	4			7		5		
			1					8
2		7					6	1

Medium 102

9	8	3		1			2	
					4			3
2			3					
			4		3			6
		6	1		8	2		
7			2		9			
					5			9
6			7					
	5			9		4	6	7

Solution on page 195

Medium 103

		7		5				2
			4					5
5	2	6						
3	1		7		4			
6		9				8		3
			8		6		9	1
						9	5	7
9					1			
7				4		6		

Medium 104

	9		1	3	6	2		5
6			5					
5						8		7
7	2							
			7		4			
							5	2
2		9						8
					3			1
3		6	9	8	2		7	

Medium 105

	6			4		5	2	8
5		3						
9	8		5					
7			6		4			
		6		9		2		
			7		8			5
					7		5	2
						3		4
4	1	9		3			7	

Medium 106

7			8			3		
	8						9	6
		3		6				4
9	3		6					
		6	1	8	3	7		
					7		2	3
3				9		2		
2	7						5	
		9			8			1

Medium 107

	7		1		4			
	2	8				1		6
			6					9
6		4		3		2		
	5						8	
		3		8		7		4
3					2			
5		2				6	9	
			4		7		3	

Medium 108

		1	7				6	
		8			2			4
	3	2			6			
				5	7			
7	2			4			5	3
			8	6				
			6			4	1	
3			9			2		
	6				8	7		

Solution on page 196

Medium 109

7		2			5	8		
1								3
	3			7				
	1		5	6		2		9
	8						6	
2		7		8	9		1	
				5			4	
3								8
		9	4			7		6

Medium 110

	6	2	7				5	
8			6					
							8	3
7			1	9		3		
	3	8	4		6	2	1	
		6		3	8			5
6	9							
					1			6
	8				2	1	7	

Medium 111

	7	5	8					3
2	1						9	
		8	7	6		1		
				9				6
	9			4			2	
8				7				
		4		5	6	2		
	2						4	5
5					7	3	1	

Medium 112

8				3	9		6	
2	9				1	7		
		3						2
				6				7
9			1	8	4			6
6				5				
5						4		
		1	4				9	8
	8		6	9				1

Medium 113

	9			1	2		7	8
2		1						
7				3				
					9			5
	1	2	7		3	9	4	
6			5					
				9				2
						7		3
4	8		2	6			1	

Medium 114

	9							7
1	5	3						
8				5	1	4		6
		9		6	7	2		
4								1
		2	1	4		3		
2		8	4	3				9
						6	2	4
7							8	

Solution on page 196

Medium 115

				4				6
			6		3		7	
3		1			7	9		
6		5	3				2	
7			1		8			5
	4				5	6		8
		6	8			2		7
	1		4		6			
5				1				

Medium 116

4			7			6		
				5			1	2
3	2					5		
5					9		3	
			5	8	2			
	6		4					9
		2					9	7
1	4			6				
		9			7			6

Medium 117

	2	5	7			6		
	6		5					3
				1	6			8
	7		4	2	5			
4								2
			9	6	7		4	
9			3	7				
5					9		2	
		2			4	3	9	

Medium 118

	7	1				8		
9						7	6	
3			7	8				
	4			3		1		
8			4		7			2
		6		1			4	
				7	2			9
	2	5						3
		9				6	2	

Medium 119

8								1
	4	6			8	9		
7		5		6				
2		4			3			
	3						8	
			9			6		5
				5		4		3
		3	2			1	7	
4								8

Medium 120

2		1		5		9		
6				3				8
8	9		7					
7			5					
5	6						8	1
					2			7
					8		1	9
3				9				4
		6		7		5		3

Solution on page 196

Medium 121

	8	3		1				
			4				6	
7	9				6	1		
	6			8	7	5		
5								4
		7	5	4			2	
		8	6				5	7
	1				2			
				9		2	1	

Medium 122

				1	5	9	2	
3		9				6		
		1	6			5		
1				8			5	
		2				8		
	6			4				3
		6			2	4		
		4				2		9
	9	8	7	6				

Medium 123

9	5	4			3			
				7		5		2
7					4		3	
5					6		8	
	1						6	
	9		8					7
	6		2					8
3		9		5				
			3			6	1	5

Medium 124

5		3		1	8		6	
8							3	
					7		8	9
				8	4			
	2	1		6		3	7	
			2	3				
7	4		1					
	5							6
	3		5	7		4		2

Medium 125

3	7				1	2		
				2		3		
	2		3	4		9		
6							3	
2			4	8	6			1
	4							2
		2		1	8		5	
		7		6				
		1	7				8	6

Medium 126

5	9	2	3					6
				1				2
	1					3		
1			9	7				
6		3	1		8	7		9
				6	3			8
		8					3	
7				3				
2					4	5	8	1

Solution on page 196

Medium 127

			3	7	1		2	4
9		7						3
2		1	5					
8			1		3			
	6						1	
			2		8			5
					2	5		6
1						3		2
6	2		4	3	7			

Medium 128

3	2			7	8	1	5	
				3		4		
9	6							
8			7	4		5		
7								4
		2		9	5			8
							8	1
		1		6				
	8	6	3	1			7	2

Medium 129

	6				8			4
	4	7	6					9
5	1					6		
7		3		2				
			1	9	3			
				6		2		3
		4					2	6
8					6	7	5	
6			3				4	

Medium 130

		6			5		1	3
4	3					5		
		5			2			9
9				5		2		8
			3		7			
7		1		2				6
3			2			7		
		2					3	4
1	5		4			6		

Medium 131

		5	2		7	8	1	
	3	2		1				
						3		7
3			1		9	4		
	2			5			6	
		9	7		6			3
5		4						
				4		2	9	
	9	3	5		8	7		

Medium 132

		7	4			6		
4		9						5
	5			3			2	8
		6				7		
			5		1			
		5				2		
1	2			6			9	
9						5		4
		8			7	1		

Solution on page 197

Medium 133

	1	4	6	5			2	
2				7				
			2			8		
8					2		6	7
		2		4		5		
6	4		3					8
		7			3			
				2				9
	6			8	5	3	7	

Medium 134

9		8	5	7			1	2
5	7							
					1		5	
		9	2					5
			7		6			
6					4	2		
	3		6					
							7	4
4	5			3	7	9		8

Medium 135

	5					9		6
			8	5	1			
		2		6		1		
	8			7	5	6		3
3			1		6			2
6		1	2	8			4	
		7		3		5		
			5	1	8			
5		8					6	

Medium 136

7	9		8	2		4		
	1						5	
	4	3						
1					6	2		
			1	7	5			
		7	9					5
						5	4	
	7						3	
		2		4	8		1	9

Medium 137

5	9	4				8	1	
6					1			
	1				8			
1			5	2		4		8
		7		3		2		
2		3		8	9			5
			2				7	
			7					9
	7	1				5	4	2

Medium 138

2		1	9	4				7
9		6						
	4	8					6	
		9	2	1	5			
8								5
			7	3	8	6		
	8					5	3	
						4		1
7				5	4	2		8

Solution on page 197

Medium 139

8		9		2	7		1	
7								2
1	6			3				
					9			4
		1	2		4	3		
9			3					
				5			9	6
5								1
	9		7	1		4		3

Medium 140

4		7		8			2	
		1	9		3	5	4	
2					1		8	
5				3				
	2			5			7	
				6				3
	1		6					4
	8	3	2		4	7		
	5			9		2		1

Medium 141

3	4		1	9			6	
2		5	7	6				
6								7
			4				3	5
		8				1		
5	3				7			
7								1
				2	9	5		6
	5			7	1		4	8

Medium 142

5				7				
			4			2	1	6
1							9	
3		2	1		6			9
			7		3			
7			9		5	1		4
	3							1
9	1	8			7			
				1				2

Medium 143

9	5	1		8			2	
				1		7		
3	4							
4			6				9	
6			8	5	2			3
	8				7			6
							6	8
		8		6				
	2			4		1	3	7

Medium 144

		7	3	8	6			
		1		5				2
	5	8						4
	1		8				2	
6				9				3
	2				5		7	
1						2	4	
5				3		6		
			9	6	2	3		

Solution on page 197

Medium 145

	2			5		3		7
9	7					4		
4		3		1				5
2					1			
8			2		3			6
			5					2
6				4		8		1
		7					9	4
5		4		8			7	

Medium 146

2				9		3		
8	9		3		7			
		6					8	
				8	1			4
3			6		5			2
6			9	2				
	1					9		
			2		4		5	7
		3		7				8

Medium 147

				2	3			1
3	4							2
2			8		4			
		3	2	5		7		
9	7						1	4
		6		4	1	3		
			6		2			5
5							2	3
7			5	9				

Medium 148

	9	2				3		
7		1			9	4		
8	4				3			
			9	8		1		
		8	2		1	9		
		9		5	4			
			6				1	3
		6	8			7		4
		4				2	6	

Medium 149

1	4			3		9		
	8	3						
			2		9	1		
5		4		7				
8			3		5			7
				2		5		9
		7	5		4			
						2	6	
		5		8			7	4

Medium 150

	8	2		6				7
	4				1			9
9			4			6		
	9			8				
	3		6	9	2		8	
				1			7	
		8			7			3
3			2				5	
7				3		8	2	

Solution on page 197

Medium 151

	4	3	7		2		1	
		1					3	
5	2		9					
				4		6		
8	3						5	1
		4		6				
					5		7	9
	9					5		
	8		4		7	2	6	

Medium 152

			1	5				
	8	3						1
4	1							9
5		7	3			2		
	9			6			4	
		6			2	9		7
3							8	2
1						5	7	
				1	4			

Medium 153

2		3		4	9			
5			6				1	
	6	7				9	8	
				6		7		
7				9				3
		5		3				
	7	4				5	9	
	2				7			8
			3	1		2		7

Medium 154

	1		4				8	7
		9		7		1	3	
6							9	
				2	7	4		
1								9
		6	8	1				
	8							5
	6	1		4		9		
3	9				8		2	

Medium 155

	4	5				7		1
	1			7				
			8			5		
9	3		1		7			6
		1	5		6	3		
5			2		8		1	9
		7			1			
				6			9	
6		8				1	7	

Medium 156

		8		2	5	6	1	
7		9						
				8			7	2
	6		4				2	
			2	6	9			
	7				1		4	
3	9			1				
						1		8
	1	6	5	9		2		

Solution on page 198

Medium 157

	1	3						2
7		4	6	8				
8		6						3
4		7						
	8		4		9		3	
						4		6
9						6		5
				1	5	3		4
2						1	8	

Medium 158

8	9			1	2			3
	4				7			
						4	7	8
			5			8		
6	1		9		8		4	2
		2			6			
4	2	3						
			8				6	
1			2	5			3	4

Medium 159

4	5			3	2	8		
			4			6		1
8	1				7			
1								3
3			7	2	1			6
5								2
			3				6	8
6		2			4			
		5	2	1			4	9

Medium 160

8	1					9		
3	7	5	6					4
					5	1		
4			7	5				
5	2			1			8	6
				4	2			3
		2	1					
1					7	6	4	2
		3					5	1

Medium 161

		8		6			9	
3		1	9					7
2	6						3	
			4	3	9			8
	3						5	
8			1	5	7			
	8						2	5
5					3	7		9
	4			1		8		

Medium 162

	8	9		7				
		5	8		9			
6						9		8
8	2	1			4			
4				9				1
			5			7	2	4
1		2						7
			3		7	5		
				1		3	6	

Solution on page 198

Medium 163

	8	1		4				
						9	4	
					5		6	1
7		3	9		2		1	
	5	4		1		2	9	
	2		4		3	7		6
5	3		8					
	4	6						
				3		6	5	

Medium 164

3	8	2			1		6	
				9		1	4	
4						8		3
		8	4				1	
2								4
	3				7	5		
8		9						1
	2	7		8				
	4		1			6	8	9

Medium 165

9		5					3	7
		2					8	
8	1			7	3			
7					6			
4			2	9	7			3
			4					6
			6	4			9	8
	4					5		
1	8					2		4

Medium 166

		1	5					7
7				8	4			9
4	6					5		
				2	8		4	
		3		5		2		
	4		7	1				
		7					1	4
3			9	7				5
5					2	8		

Medium 167

		9	3		8			
2		5					3	
7		4	5	2			8	
					3		2	
		6				4		
	2		4					
	5			4	6	8		2
	4					5		1
			9		2	6		

Medium 168

		4		8	3		6	
3				5				9
		5				3		
8		3	2		7		5	
		6				7		
	7		1		9	6		8
		7				2		
2				7				4
	4		5	2		9		

Solution on page 198

Medium 169

	7			5			4	
4	6			9		2		
	5					1		
					9			3
5			2	4	1			9
2			5					
		6					9	
		4		2			5	6
	3			1			8	

Medium 170

1			9		5		4	
5					4	3		8
				6			1	
2		9		4	1		3	
			2		6			
	1		3	9		2		6
	5			2				
3		7	4					1
	4		1		3			9

Medium 171

8		5		2			4	9
		9	3					
			9				5	7
5			2	6				
2	3						6	1
				7	1			3
1	9				2			
					6	9		
7	4			8		2		5

Medium 172

5	3		2			9	6	
			8					5
6		2						
4	1			5	8			
2				6				7
			1	3			5	4
						1		9
1					7			
	7	4			9		8	2

Medium 173

		7	9	3				
		1	5			9		6
5								1
1							2	
	2		4	1	8		7	
	4							9
6								2
3		5			6	4		
				9	3	8		

Medium 174

		2	7				8	3
					8	6		
6		8			4		7	
				5		9	3	
			3	1	2			
	4	3		7				
	3		1			8		7
		7	2					
2	5				7	3		

Solution on page 198

Medium 175

		2		5		8		1
					8			2
	8		3		2			5
	6		5					8
	5		8	1	7		4	
3					4		5	
1			4		3		7	
7			2					
8		6		7		2		

Medium 176

5				9			2	3
2						9		
	3				2		5	
	9	2	8		6			
		4		3		7		
			2		7	6	1	
	1		6				3	
		8						7
3	4			7				1

Medium 177

	4				3			
	2		8			4	9	1
1			4	2				
8		5		4				
		4				5		
				6		1		8
				9	4			6
2	9	6			1		5	
			3				7	

Medium 178

9					1		7	5
		4					1	
		1			3			
3		9		5				
		6	2		9	5		
				8		3		6
			5			1		
	5					2		
4	8		6					7

Medium 179

3	2	4	6					7
6					1			
		8	3				6	
	8		2	3				
	7		5		4		8	
				8	7		5	
	1				2	4		
			7					1
8					9	3	7	6

Medium 180

9	4		8		1	2		
		6		2	9		4	
7				5		9		
4			9					
	8						6	
					6			9
		4		8				1
	1		3	9		8		
		3	5		2		7	4

Solution on page 199

Medium 181

3	2	1		8			4	
5						2		1
	7				9			
7		3	8					
		6	1		3	5		
					2	3		8
			4				8	
8		7						2
	4			7		6	3	5

Medium 182

8		4						7
				8	1		2	
2						8		5
		1	6	5				
5	8			9			4	2
				2	3	1		
1		2						6
	6		9	3				
3						2		8

Medium 183

	7	5	2		6	9		
				5				3
	6						2	
			9	7	5			2
9								5
5			8	2	3			
	9						6	
8				1				
		1	4		8	3	7	

Medium 184

7			8				1	
					7		8	2
6	3			1	5			
9		3						
		6	4		8	2		
						4		5
			1	5			2	7
1	9		7					
	7				9			4

Medium 185

2	3			9	4	8		
8						1		
	1					3		4
7					3			6
			7		5			
1			9					3
5		2					1	
		1						8
		7	8	4			5	9

Medium 186

			1		6			5
4								8
	3			5		4		
			9		3	6	8	
8								2
	2	1	6		5			
		4		1			7	
3								9
7			2		4			

Solution on page 199

Medium 187

			2	8			6	7
						2	5	
3		2		7	1		9	
9					6			
	1			2			4	
			3					5
	5		4	3		1		8
	8	7						
1	3			6	2			

Medium 188

5		3					1	
	6		1					
		8			4		7	
1				2	5	7		
9	8						6	5
		7	9	4				1
	9		3			1		
					1		5	
	4					9		3

Medium 189

2	9	7			1	6		4
5								1
				5			2	
			5				1	2
		5		2		9		
1	3				6			
	7			6				
4								6
6		1	3			8	7	9

Medium 190

4	8	6	5		1			2
	2			8				
		3						7
5	7				4			
	3						9	
			7				4	5
2						1		
				4			8	
1			9		7	3	2	6

Medium 191

	5				9			7
							3	8
	9		8			6		
2				7		5		6
	4			6			7	
6		3		9				2
		6			1		8	
9	3							
1			9				4	

Medium 192

	6			4				9
9	2				3			
5						3		
		7	1		8		6	
		4	3		5	1		
	8		4		6	7		
		6						3
			6				9	8
4				3			1	

Solution on page 199

Medium 193

8				9	5			
3	6					9		
	1				6	7		4
6				8				
	4						6	
				6				2
9		1	4				2	
		8					4	5
			8	3				7

Medium 194

	9	7	3	4				6
		8	9					
3					7		5	
		6			5	1		
		1		2		3		
		9	8			6		
	1		4					3
					8	5		
6				3	1	9	7	

Medium 195

5				7	2	8		3
8			3					
	3					1	6	2
9			2	6				
6				5				7
				4	9			1
4	9	3					8	
					4			6
1		5	7	3				9

Medium 196

3	9	2			1		6	8
	1			2		3		
4					6			
				8				6
8			7		2			1
9				3				
			6					5
		1		4			2	
6	3		2			1	9	7

Medium 197

		9	1					
6		2	5			1		
4	3			9	6		2	
			7					3
		4				2		
1					5			
	9		6	7			3	1
		7			3	9		4
					1	7		

Medium 198

1					2			
3	8		1	4				
						4	6	
4				1	7			5
		8		5		7		
5			6	9				4
	5	1						
				8	4		3	2
			9					8

Solution on page 199

Medium 199

	3			5	4		7	
					6			3
2	4	1						5
4						5	9	7
	8		4		7		2	
9	7	2						8
5						9	3	6
1			6					
	6		9	4			5	

Medium 200

	7	8	4	2				5
		3			6			4
				8			9	
			1				6	
		9	8		2	5		
	1				3			
	2			3				
6			7			2		
8				6	9	1	4	

Medium 201

5	9					7	3	
							8	2
		2		1	4			
			8	5	7			9
7								5
1			6	9	3			
			9	7		6		
3	7							
	2	1					7	8

Medium 202

	7		9	6		3		8
8								1
				8	5		6	
		7	2	5				3
			1		7			
2				4	3	7		
	6		5	1				
9								7
1		4		7	2		8	

Medium 203

6	3			7		2	1	4
		5			8			
7						5		
5			8	9				7
	6						9	
2				1	6			8
		2						1
			5			4		
4	8	1		6			7	5

Medium 204

6		1	3					5
5						8		
			8			3		
	1			7	5	6		
8	2						5	4
		5	4	6			2	
		8			9			
		7						9
9					3	2		8

Solution on page 200

Medium 205

	6			8		7		5
							9	3
	4		1		3		2	8
					8		4	
9		3				5		6
	2		9					
6	3		8		4		5	
4	9							
1		2		6			3	

Medium 206

	9	2			1			3
5	7			2			1	
1					8			
				3			5	2
		1		4		7		
2	6			8				
			4					6
	3			7			2	1
9			8			5	4	

Medium 207

	8	3		4				
6			2					
4		1		6		7	3	
3		2			8			
			6	7	4			
			3			9		1
	3	9		8		2		5
					3			7
				5		6	1	

Medium 208

	8		5	9	7			
1				6				3
		6						4
	1	5	7		9			8
		8				1		
2			3		1	5	6	
4						8		
5				4				9
			9	1	5		7	

Medium 209

	7		1		9			
				4			7	2
8		6				3		
1			4				8	
7			6	5	8			1
	6				7			9
		3				1		5
6	2			8				
			9		5		2	

Medium 210

	2					3	4	
		5	1		7			
4			3	5				
9				7				6
			5	8	1			
3				9				8
				1	8			4
			7		5	8		
	6	7					2	

Solution on page 200

Medium 211

1								4
	2		8		1		7	
		7		9		3		
8		2	3		9	7		6
	7			1			9	
6		1	7		4	5		3
		3		8		1		
	6		1		3		5	
7								9

Medium 212

	2		7		4	1		
				2				6
8				1			2	4
							1	5
		7	1	8	2	3		
1	6							
4	9			7				2
7				4				
		1	6		9		3	

Medium 213

	6	7		2				
2	4	1			5			7
	5						8	
9	2				1			6
4	1		8		6		2	3
6			4				5	8
	8						3	
7			2			8	4	5
				4		7	9	

Medium 214

				5		8		
			7				2	
8	9	7				5		
9	7	4	2					
5				8				7
					4	2	3	5
		6				1	8	4
	3				2			
		8		6				

Medium 215

		7	4		8	6		
	1	3		2		8	7	
		2				1		
3			5		2			8
	9		6		7		3	
2			3		1			6
		6				9		
	4	1		7		3	6	
		9	1		6	5		

Medium 216

7		8		2			6	4
1						3		9
	9		4					
9	7			3	6			
			9		2			
			5	1			9	7
					8		3	
2		7						6
6	3			9		5		8

Solution on page 200

Medium 217

6	5	7		4		2		
			8			3		4
4						9		
	2	6			7	4		
9				5				3
		8	1			6	2	
		2						8
3		5			8			
		1		3		5	4	2

Medium 218

	2		7		1	3		
			8			2		5
6							8	
			1	2				6
		2	4		6	7		
1				3	8			
	3							2
9		4			2			
		8	5		4		1	

Medium 219

6	8	1	4				2	
					8			4
		3	6	5				
3						7		
		4	3		6	2		
		5						3
				6	7	5		
1			9					
	2				3	8	6	1

Medium 220

4		8				5	9	
2				4	9			
3					2			8
	6	5	3					
1								3
					4	7	6	
9			2					7
			7	6				9
	3	7				2		1

Medium 221

	6	2	4	9	1			
5		4		3				2
7							9	
	8				7			
		7				8		
			2				1	
	2							1
6				8		7		9
			9	2	3	5	6	

Medium 222

	1	9						
	5					9		
3			8	5		2		
6		8	1	3				
	2						4	
				6	5	1		8
		5		2	7			1
		7					3	
						4	8	

Solution on page 200

Medium 223

	9	1	8			6	2	
3				7			9	
2					1			5
	7			4	3			
	2						1	
			1	2			7	
8			4					7
	5			6				1
	1	9			7	4	8	

Medium 224

	1					8		
6			1	3	2		9	
		7	4					
8				7			3	
	3			6			2	
	9			2				6
					7	2		
	2		8	1	9			3
		8					5	

Medium 225

		8	2			5		
5	3	2			7			
1						4		
	2			1	3		5	8
		3		5		9		
8	5		9	4			2	
		1						5
			1			8	6	9
		9			8	2		

Medium 226

		4		1				
1	6				2		5	
			6		9	8		
			1	4	3	7		
5								8
		2	7	8	5			
		6	5		1			
	1		2				8	3
				3		5		

Medium 227

7		1		6		9	5	
			1			6	8	
	5				7			4
		5	6		3		7	
		7				5		
	8		5		9	3		
1			2				9	
	6	4			5			
	3	9		8		7		6

Medium 228

	8	3		4		5	6	
6								7
			2		5			
	7	4	9		1	6	2	
		6		8		3		
	3	2	6		4	1	7	
			5		8			
3								1
	6	1		2		8	4	

Solution on page 201

Medium 229

	6		5			2		
3				7	6			1
		7		3				
6					2		8	
		8	3	1	4	7		
	7		6					4
				9		5		
5			4	6				7
		9			5		6	

Medium 230

		4	6			9		8
				4		3	1	6
1	5						4	
		8					9	
	4		8	2	9		3	
	7					8		
	1						8	9
2	6	5		9				
7		9			1	4		

Medium 231

7		4	1		6		3	
6					5		1	
					2	4	9	
				4				1
		3				6		
1				5				
	5	8	3					
	6		9					5
	9		5		4	7		2

Medium 232

	3			2		7		
9				3		8	6	5
		8					2	
	9	1			3			
			8		7			
			9			4	1	
	4					6		
3	1	5		4				7
		7		8			9	

Medium 233

9					7		8	
2					9			
3	1					4		9
				4		9	3	
	9		3	2	8		7	
	3	4		6				
1		3					4	2
			5					8
	7		2					5

Medium 234

		3		6				2
	1				5			4
8			2	4			6	
			6			1		
		9	4	5	8	7		
		6			9			
	3			2	1			8
2			5				1	
5				9		2		

Solution on page 201

Medium 235

8		9	1					6
			9	8		5		7
1	7							
5			6					
	2		7		9		5	
					3			2
							9	5
4		3		9	5			
6					7	8		3

Medium 236

	1	7				5		8
5			6					
8			7		1		4	
2	5			9				
			3		5			
				6			1	5
	3		2		7			1
					8			7
4		1				8	9	

Medium 237

9	7							
3				2	8	9		
6						2	4	7
1		7	9	5				
		3		1		4		
				8	4	7		5
7	3	6						8
		5	8	7				1
							7	4

Medium 238

5	4		8	2			1	
9							4	
1						5		2
			7		2			4
		9	3		6	2		
7			9		8			
4		7						3
	3							6
	1			3	9		8	7

Medium 239

8	1			5		4		
		4	7				8	
3							9	
2	3		1				4	
4				9				6
	8				5		1	3
	5							4
	9				4	6		
		3		2			7	1

Medium 240

		8	7	4			5	
5					9			
			2			9	6	
9	8			5	2			
			9		8			
			6	1			4	9
	6	1			4			
			5					2
	5			9	3	7		

Solution on page 201

Medium 241

8	4			1	3	6	5	
		5	9				4	
2				5				
9				4				6
	2						3	
1				3				9
				2				4
	7				9	5		
	3	2	5	6			7	8

Medium 242

5	1			8	6	3		
	4					2		
9		7					5	
			8		5			4
1			3		2			7
7			1		9			
	7					9		5
		6					2	
		5	9	2			6	3

Medium 243

3	7					4		9
	5			9				1
			7				8	
	8			3	9			
		7		8		6		
			1	6			9	
	6				3			
7				1			2	
4		2					6	7

Medium 244

4	7	2				8		
9					5		7	3
			7					4
6		7		1			4	
	1			5			2	
	2			7		6		8
2					7			
5	6		2					9
		9				5	8	2

Medium 245

		9		5				
4					8	5		
5				7			3	4
7			1			9		
	9		8		3		2	
		2			6			3
8	1			3				6
		7	6					9
				8		1		

Medium 246

	2			7		4		
					8	9		
1	6		3			8	5	
7	4							
			5	3	6			
							1	3
	5	6			2		8	9
		2	4					
		9		5			2	

Solution on page 201

Medium 247

	7				6			4
3	8		2				7	
						6		1
7				1	3			
		9	8		4	1		
			6	5				8
2		7						
	4				2		1	9
9			1				8	

Medium 248

7	5		9			3		
3				6			7	
			5				2	4
				1	6			3
		8				1		
6			8	4				
5	2				3			
	9			2				7
		6			5		9	2

Medium 249

	7	9	3					1
2		4				7		
1				4				
			8		4	5	9	
	5			2			1	
	4	8	1		3			
				3				4
		2				9		7
4					8	6	2	

Medium 250

3	2		6	7		1		
7		9	8					
5								7
6					8		3	
8			5		6			2
	9		7					5
9								8
					2	6		4
		4		8	1		7	3

Medium 251

2		3	6		1			
	5						8	
	9	1	7					3
3				4		5		
			8	7	6			
		2		3				7
4					5	7	9	
	3						1	
			4		8	3		2

Medium 252

		3		5		4		
6	2		7					1
4						2		
			1			7		
	8		4	7	5		1	
		6			9			
		2						4
9					2		7	8
		5		1		3		

Solution on page 202

Medium 253

9	7			4			1	
		1	8					5
4							7	6
		4	2			9	8	
8								2
	2	3			4	5		
7	4							8
3					8	7		
	8			5			2	4

Medium 254

2		7			4		8	
	9			1				
1			9		6	3		
9			7	5				6
			6		3			
5				9	2			7
		8	2		1			5
				7			4	
	1		4			2		3

Medium 255

	7			6			1	2
			4			7		
4			7	3				
1	8				5			
		2				1		
			9				4	6
				9	6			3
		7			4			
3	1			2			8	

Medium 256

		6				1	3	
5			2	7		8		
		2	4					7
	7			3				6
			1		8			
8				4			2	
1					5	6		
		7		6	4			3
	2	8				7		

Medium 257

7		9	8			4		
1					9		2	5
8				2				7
5			9		7			
	1						5	
			5		2			8
3				6				9
9	8		2					3
		2			8	1		6

Medium 258

		5		1		2		3
				3	2		4	
6			5				8	
	8				7	1		
			9	8	1			
		1	3				6	
	7				6			4
	1		4	5				
4		6		7		9		

Solution on page 202

Medium 259

5	2	1	8	4		7		
	7			1				
9	8							4
					4		2	
4				5				1
	5		1					
3							8	7
				6			9	
		9		7	1	3	6	2

Medium 260

		6	8	7	1		3	
		2				7		4
3	5				4		1	
6			4					
5				9				8
					8			7
	9		2				8	1
4		1				3		
	6		1	3	7	2		

Medium 261

8	5	9			6			
3				1				
	4			8	5	3		2
		5					7	
		8	5		1	4		
	1					6		
9		1	6	5			8	
				2				9
			7			1	3	6

Medium 262

		3		9			8	
9		4		5				
	8	2			1		3	
			4	2			7	
3	6						2	4
	4			8	3			
	2		8			5	9	
				6		2		8
	9			7		1		

Medium 263

3					4			
	8	7	3	5				
6							1	5
5			9	6				
		4		7		9		
				4	8			7
4	5							1
				3	9	7	5	
			1					8

Medium 264

		7	9	2	3	4		
			8		6			
2				4				8
	5		4	7	2		1	
		1				6		
	7		6	1	5		9	
6				8				7
			2		4			
		4	7	6	9	3		

Solution on page 202

Medium 265

	5		9	2				3
9	2							
	4	7		5		6		
			8	9	7			1
	7						6	
2			1	6	4			
		2		8		3	9	
							8	6
8				1	3		5	

Medium 266

3	4		1					2
9							3	
				5			7	4
		9	6		4			
	1	3		7		8	4	
			5		1	3		
4	9			1				
	2							8
8					9		5	6

Medium 267

2	7			6		1		
			7					8
3				9		4		
	3		8			9		1
			4	1	9			
7		9			2		4	
		3		2				4
9					4			
		6		7			1	9

Medium 268

2		3		9			8	
						3		4
4			3	5				
	2		1			7		
8			7		5			6
		1			4		5	
				6	3			8
6		2						
	8			1		2		3

Medium 269

1		3			6			
	6				7		5	
		5			4			3
	8		1	4			6	
	9						4	
	1			9	5		2	
8			2			9		
	7		4				1	
			7			4		8

Medium 270

3					1	2	6	
						4		5
6					8			
1				7		9	5	
		7		4		6		
	3	4		9				7
			9					2
2		3						
	7	8	6					3

Solution on page 202

Medium 271

		8		6	3	1	9	
		9		7				
7	2							
	4				8			5
			1	5	9			
8			7				3	
							4	1
				9		6		
	7	3	6	1		9		

Medium 272

		4	5			1		
3	7							
				3	1	4		7
5						7		4
	1		2	9	5		3	
8		9						2
6		8	1	7				
							2	1
		5			9	8		

Medium 273

	4						9	
	5		7	6	3	8		
7			2					
		4		8		7		3
8								1
1		3		4		6		
					9			2
		5	1	3	7		6	
	1						5	

Medium 274

1		4	3				7	8
						2	4	
7					4			
5				8		4		7
	4		6		3		1	
6		9		4				2
			2					4
	1	5						
2	9				7	5		3

Medium 275

5		6	9	4				1
9					6		5	
4	7						6	3
		3						7
			3		1			
2						3		
6	2						7	4
	1		8					5
8				2	5	1		9

Medium 276

					2	8	9	
	2				6	5		
5		6						
6				4	8	7		3
8								1
3		9	6	7				4
						1		5
		7	8				2	
	4	5	7					

Solution on page 203

Medium 277

			7	5		4		3
1	8	3						2
4						8		
			9	1			2	8
			4		6			
5	9			7	2			
		7						9
2						6	4	1
3		6		9	4			

Medium 278

	8	2						
	5			3				9
			1			7		6
			8		4	6		3
		5	7		3	1		
8		1	2		6			
5		8			1			
3				6			4	
						9	6	

Medium 279

9			2			4		
1		5	6				3	
4	6			3				
3	9		7					
	7						6	
					4		8	5
				7			4	1
	5				2	3		7
		2			3			8

Medium 280

	5			9	3			2
	4	3						
9					2	5	1	
	6				9		7	
1		8				2		4
	2		4				9	
	3	5	9					7
						4	2	
4			7	1			3	

Medium 281

		1			3		7	
4	3	9			7			5
		5				4		
				7	6			2
8			5		2			3
1			8	3				
		8				3		
2			9			1	4	7
	1		3			9		

Medium 282

3		8				9	7	
			7			1		
	1				4			
6				5	3		1	
	8			1			9	
	7		9	8				6
			3				6	
		5			1			
	3	6				8		9

Solution on page 203

Medium 283

			7		9	1		
1	9						6	
			3					9
7			9	4		6		
	4			6			5	
		9		8	7			1
8					2			
	2						3	8
		4	1		8			

Medium 284

7	3			2		9	6	
	5	4				3		
			4					7
4					2			6
	2	3	5		4	8	9	
1			9					5
3					7			
		6				4	7	
	8	7		4			2	9

Medium 285

	6	2						3
5		7	1	4				
		8					9	5
6	2				7			
4				1				9
			3				7	2
7	9					3		
				3	1	9		8
3						6	5	

Medium 286

	1	6	5				9	
9		5					2	8
4				9			6	
		2	1					
5				3				9
					5	4		
	5			6				1
8	6					7		2
	7				9	6	4	

Medium 287

			9					5
		2				8		3
4				3	8		2	7
		5	6		4			
	8						4	
			3		1	9		
8	1		4	9				2
6		9				1		
7					6			

Medium 288

5	1							4
			4	2		3		
	3				9		6	5
				5		6		
2			6	1	3			9
		8		9				
7	5		2				3	
		9		6	7			
4							7	8

Solution on page 203

Medium 289

7						4	8	2
9			8	1				
	2				6			
				2	5	7		
		4	1		8	3		
		7	6	3				
			3				9	
				5	7			8
8	7	2						4

Medium 290

9	4	1			2			5
3	5				8			
		8				6		
	2			4		5		
			9		5			
		7		8			3	
		4				9		
			8				7	1
1			6			3	5	4

Medium 291

	9		1					
		7		9		3		
	2	5			3		6	9
2	5		7		8			
			4		9			
			3		6		7	5
9	1		5			8	3	
		2		3		9		
					4		5	

Medium 292

		2				9	7	5
5	7			3				
	6			1				
	4	5	1					7
3			6		2			9
7					4	1	3	
				2			9	
				8			6	3
9	8	3				2		

Medium 293

3				4		2		
1	6							3
	2	5			9			
5				3	6			
8				2				7
			5	8				9
			1			9	3	
7							1	4
		3		5				6

Medium 294

3			6	8				
8		7					1	
6	1		4			9		
9			1		4			
7				3				2
			5		2			9
		4			9		7	3
	7					2		1
				1	6			4

Solution on page 203

Medium 295

5	2	1	7			6		
					3			8
		7						1
7			9	2				
2	4						7	3
				3	7			6
1						4		
8			1					
		3			6	1	9	5

Medium 296

	6		1			9	8	7
			6	8				
2						3		
		3		7			2	6
			8	9	6			
6	7			3		5		
		4						5
				1	2			
3	2	6			8		4	

Medium 297

1			4	6	7			8
		9		5			3	
8								1
2						1		
	4	5	8		1	6	7	
		1						4
7								3
	2			9		7		
3			7	8	2			9

Medium 298

9		6	4		1	3		
3	2							
		4	2				6	
1			5	2			8	
4				8				6
	3			6	4			2
	1				2	7		
							3	5
		8	3		5	2		9

Medium 299

1		9			7			
5		6		9		8		
8	4				3	7	6	
			2				4	
4								8
	1				8			
	6	4	9				8	3
		8		1		2		6
			3			4		5

Medium 300

1		4		2	6			9
7	2							
	5			3		6		
		8	7					3
		1		8		2		
4					2	8		
		3		6			7	
							1	8
5			2	1		4		6

Solution on page 204

Medium 301

9	8	4		2			5	
2	5							1
				4			9	
8	1		4	6		7		
3			1		2			6
		6		5	8		1	4
	9			1				
4							7	9
	7			9		5	6	8

Medium 302

		6		4	8		2	
7						1		
2	8	5						7
		3	9		1			
	1						5	
			3		5	2		
3						7	4	8
		4						5
	5		1	7		3		

Medium 303

	4	8	5			2		
7	5			2			6	
			8					1
					9		1	6
	6						7	
5	1		2					
3					8			
	8			7			9	4
		9			3	1	8	

Medium 304

		4		6			9	1
9			1			5	2	
			7				4	
	5			2	9		6	
4								3
	6		3	4			1	
	9				5			
	3	2			8			9
7	4			3		1		

Medium 305

6	4		1					8
	1		2				4	
2		9						
	7			3		8		5
3								6
5		1		8			3	
						9		4
	2				7		5	
9					6		7	3

Medium 306

4				6		2		
9		8			5		3	6
6	7			4				
		9						8
			6	5	1			
5						7		
				2			7	4
8	1		5			6		3
		4		9				5

Solution on page 204

Medium 307

		9	5					
				8		3		1
	1					2	7	
9					6		5	
6			2	5	8			9
	3		7					4
	4	2					1	
1		7		9				
					5	6		

Medium 308

	3	7	6	9	4		8	
8		4				3		
				7			5	
4					9			
		3	5		6	4		
			1					3
	8			3				
		1				9		8
	4		9	5	8	1	2	

Medium 309

	8					9	2	1
		3	8	5				4
7								8
			1	4	2		5	
		2				4		
	4		9	3	7			
4								9
9				8	1	3		
8	5	6					4	

Medium 310

	7				1	2		4
3				7			6	
6						8		
	3		6					9
9			1	5	7			3
2					3		7	
		6						5
	9			1				6
4		5	3				1	

Medium 311

8			7	9	2		3	
			3					8
6	4				8	9		
					9		8	
		8		7		2		
	1		6					
		9	5				4	1
3					1			
	8		9	6	4			3

Medium 312

	1			9	4		6	
		5				1		
6		2	1			9		
5	8			6				
9				5				2
				1			5	6
		7			6	4		1
		3				2		
	4		5	7			3	

Solution on page 204

Medium 313

4		8				7		
	3			8		9		6
5				6				
				3	2		1	7
	1		7		9		2	
2	7		1	5				
				7				9
7		4		2			3	
		1				2		5

Medium 314

	5	7	6			4		
				8	5	7		
6	8		2					
3		4			8			
			7	6	2			
			4			6		8
					1		4	3
		3	8	2				
		9			7	8	5	

Medium 315

	2	6				9		
	3		6	7				
5							2	
1					8	3		
7	5		2		3		1	6
		3	5					4
	8							9
				1	9		3	
		9				4	6	

Medium 316

2		8	1	7		5	4	
					5	8		
4							2	1
1				8	3			
		3				1		
			6	9				5
9	7							4
		5	3					
	3	2		5	4	7		6

Medium 317

		9				8		
		5		2	1			7
3							1	2
5	3			4				
	1		3		7		2	
				1			3	6
6	4							1
8			4	5		7		
		3				4		

Medium 318

2		5					7	
	4		5					9
7			1			2		
			2	6	4	8		
6	9						3	2
		1	3	9	8			
		2			6			5
5					2		1	
	1					7		8

Solution on page 204

Medium 319

	1	9	8		3		5	
7				5				
4		8	2					1
					6			9
		6		3		4		
8			4					
9					4	7		5
				7				3
	2		3		5	1	4	

Medium 320

			8				5	9
8				3		1		
9	5		4		6			7
2			9			5		
		6				7		
		8			5			3
1			6		7		4	5
		5		9				8
6	3				8			

Medium 321

	7	1		5		2	8	
8			4		7			3
		6				7		
9				2				1
		2	1	4	8	6		
1				3				2
		9				4		
6			8		5			7
	8	7		1		5	6	

Medium 322

7		1		4	6	5	8	
		3					4	
			5	7				
8			1	9			6	
			3		2			
	1			8	5			2
				5	7			
	8					4		
	4	7	8	3		9		6

Medium 323

	3	6	4	2				1
5		7		3	8			
8					1			6
4	7							
			2		3			
							8	9
3			9					4
			3	1		2		8
1				7	4	9	3	

Medium 324

1						9		
7	4	2						
			1	4			5	3
		7	9			6		2
6				2				4
3		4			8	5		
8	1			5	2			
						4	3	1
		9						5

Solution on page 205

Medium 325

8						3	1	
			8	9	6			
6		5		4				
7	9		2					
			6		4			
					8		6	5
				1		2		9
			7	8	2			
	5	7						3

Medium 326

2	8			9				
	1			5			2	8
		3			6			
5						7	9	
		4	5	1	9	6		
	6	9						4
			1			8		
8	9			3			1	
				6			3	2

Medium 327

			4			9	8	
		9		6			7	
1				7		5		
2			8					9
			1	4	2			
6					3			1
		6		3				5
	3			8		6		
	4	7			9			

Medium 328

6				2		8	9	
5			7					
4		2	9					
			2		1		6	
1				3				7
	2		5		9			
					8	7		6
					7			5
	8	7		5				1

Medium 329

	4	1	3		6	7	8	
		3		1		2		
7								1
	9		7		1		3	
			5		2			
	2		6		4		1	
6								5
		8		2		6		
	7	9	4		5	8	2	

Medium 330

1	2	9					6	3
			6					5
8	6		1					
				1	6			9
		4		5		8		
3			4	8				
					8		1	4
9					3			
7	8					5	9	6

Solution on page 205

Medium 331

	2			1		3		
8	6				2		1	
	1		6					
			4	8		5		2
6				2				8
2		1		9	6			
					8		3	
	7		9				4	1
		6		5			8	

Medium 332

		3	6	4		9		
		6	7					
7	9		2					3
		7			8		1	
9		8				7		5
	1		5			4		
6					4		2	9
					6	5		
		5		2	3	6		

Medium 333

9	6				1		3	
	1					8		
		7		6				
7			3		9	2		
5	4						6	3
		1	4		6			7
				1		3		
		5					4	
	2		5				9	1

Medium 334

				3			9	
4			8					7
2		9	7			5		
	6		2	9				4
8								9
9				4	3		2	
		3			2	7		1
6					5			3
	9			1				

Medium 335

		6	1		9		3	7
		9				6		
3			4			9		
9		5		7				
	4			3			9	
				6		8		1
		7			5			4
		4				2		
2	5		6		7	1		

Medium 336

	1		7			6		
2		4			9		8	
8				2				
1				6			9	3
7								5
9	4			5				7
				4				8
	2		3			4		6
		1			5		7	

Solution on page 205

Medium 337

			8	2	5			
7				9				5
2		9					6	4
		7			8		9	
8	4			3			5	7
	9		5			4		
6	1					7		2
4				5				9
			2	7	4			

Medium 338

3	6							1
		2	7	4				6
		8			3	5		
		9		3				
	1	3				4	2	
				9		8		
		1	8			3		
4				2	9	6		
7							9	8

Medium 339

			1	5		2		
		8	3	9			7	
	4					8		3
7				8	2			1
6								7
4			9	7				5
8		1					4	
	6			2	1	5		
		7		4	9			

Medium 340

7	8			5			9	
	5		8			7		
			2				3	
				2	8			
3		8	7		1	2		4
			3	4				
	6				4			
		4			2		6	
	1			7			2	5

Medium 341

5		8	7	3		2		6
							9	5
					4			7
			2		7		5	3
	7			6			2	
2	6		3		8			
9			6					
3	8							
1		6		7	3	8		2

Medium 342

	1	6				2		
9	8				1			
				4	5	1		
3			4			8		
			3		8			
		5			2			3
		3	5	1				
			6				9	7
		7				5	6	

Solution on page 205

Hard Puzzles

Hard 1

		8				9		
1			6				8	2
				1	3		6	
2			7	6				
5				4				6
				2	1			4
	5		1	8				
8	4				2			7
		6				3		

Hard 2

2				9			8	
8	4				2	1		
9			8			4		
	8					3		
		3	5	4	7	2		
		9					1	
		6			8			7
		2	4				5	3
	9			7				1

Hard 3

3				9		5		
6		8			4			
		9	2			6		
	7			5	8			9
	6						3	
9			6	2			4	
		6			3	1		
			7			3		2
		7		1				6

Hard 4

	6			3		2	1	
5								3
	3	7		6				
	9		7		1			
		4		9		1		
			6		2		4	
				7		9	5	
6								8
	1	9		8			7	

Hard 5

		7	1				3	
	5					2		4
9					7		5	6
				6				2
	8			9			4	
3				5				
6	2		5					3
5		8					6	
	3				8	5		

Hard 6

	4			8			9	6
				2			1	
2					6			
6		9			7			
	1	8	3		2	7	4	
			8			1		2
			6					1
	5			7				
3	8			4			7	

Solution on page 206

Hard 7

5	6	7					4	9
	9			1			3	
		8	5					
		9		8	5			
	4			7			8	
			1	6		4		
					6	8		
	8			3			7	
9	7					3	6	4

Hard 8

	9		5	2			7	
	7	8						
		4	8			5		
					2			5
4			9	3	1			2
1			7					
		3			8	6		
						1	8	
	6			5	4		2	

Hard 9

	8		2			9		
4			1					7
9					4	8		
				8			9	
8			9	5	6			3
	7			3				
		5	3					6
1					9			5
		8			5		4	

Hard 10

		4		6				
							4	1
7	8			1				
		9	1				3	
3			7	8	2			9
	7				9	4		
				2			1	8
9	3							
				3		6		

Hard 11

	7	4		3				
9	1		5				8	
	8		7			5		
7		9						
3			1		9			8
						7		3
		5			7		6	
	2				4		7	9
				1		3	4	

Hard 12

	5		8			7		
	4	3						
1			5				9	
				5		2	3	
9								4
	6	5		2				
	7				4			1
						4	2	
		8			1		5	

Solution on page 206

Hard 13

	5							1
7			6	5		9		
			3		1			6
			8	2		6	4	
			9		6			
	6	2		1	3			
6			2		8			
		5		4	7			2
1							3	

Hard 14

	8			3	7			1
	1		5					
	2	3				7		
				8				2
	9		2		5		4	
3				4				
		6				4	3	
					2		1	
1			8	7			6	

Hard 15

			4					1
5				1		6	9	
7		3	8			4		
			1	5	7		6	
		5				2		
	6		3	4	2			
		1			4	9		6
	5	4		2				8
3					6			

Hard 16

		2	9			5	8	
4				6		7		
	7						1	
			8		4			7
		3	5		6	9		
8			2		1			
	6						3	
		1		5				9
	9	4			2	6		

Hard 17

4	3		5	8			6	
7						3		
		5		3				
					7		5	
8				4				2
	9		3					
				9		6		
		1						8
	8			5	6		3	1

Hard 18

			7			1	6	
7		4		1				
					9			5
	3		8		4			1
		7				9		
5			6		2		4	
2			9					
				5		6		9
	5	8			6			

Solution on page 206

Hard 19

	6		5		1	7		
3		8					2	1
				8				3
8		9	7					
			8		5			
					4	9		6
1				5				
5	4					3		2
		3	4		2		5	

Hard 20

		6	2	4				
5	7			3			4	
3								5
4					2	1		
		2				9		
		1	6					8
2								3
	3			2			9	7
				8	3	5		

Hard 21

			4	7				
6		8						
			6			8	7	1
2		6	5				1	4
5								2
4	1				7	9		5
9	4	1			2			
						2		8
				6	5			

Hard 22

	1				7			2
2		3					5	
5					6	4		
	5			8	3			
9			6		2			4
			4	5			6	
		5	2					7
	8					1		5
4			1				2	

Hard 23

			9				7	5
		9	2			4		
5	2				4			
6			8	9		1		
		8				9		
		3		1	6			8
			4				1	3
		4			8	7		
9	3				1			

Hard 24

1			6				9	
	2	6		9			7	
				5		2		
2			9					4
	8			4			3	
5					6			8
		8		6				
	1			7		3	6	
	7				2			1

Solution on page 206

Hard 25

8		2				4	1	9
	7			4				
6					9			
5			6				3	1
			8		4			
7	9				3			8
			3					7
				6			8	
2	6	8				3		5

Hard 26

		6		8		1		
2				4	5	6		
9	1							
	3		8	1	7			
	2						8	
			4	9	2		1	
							7	1
		1	9	2				8
		5		6		2		

Hard 27

	9	4		1				6
		8	4					
7						4		1
5					8			
	8		7	3	1		9	
			9					8
2		3						5
					6	3		
9				7		2	8	

Hard 28

1	6	8	5	3				
3							7	5
		4				8		
			9	1				
9	4						1	8
				8	2			
		3				6		
2	8							4
				6	5	3	8	2

Hard 29

			3	1		4		
8		3						9
1	6				5			
6				9				8
	7						2	
5				2				1
			8				3	4
4						1		5
		5		7	4			

Hard 30

	2			9			7	
3	8					6		
		4			6			3
	6	7	5		8		9	
			4		7			
	3		6		9	5	8	
8			9			1		
		9					2	8
	4			8			3	

Solution on page 207

Hard 31

		5			6			
9			2					
8				9		4		1
4					2		5	
	5		4		1		6	
	9		7					4
2		4		7				9
					9			7
			1			3		

Hard 32

7			5				3	
3	2					9		1
8			4					
				8		6	1	
			6	9	5			
	8	2		4				
					7			4
2		3					8	9
	9				8			7

Hard 33

4		5				9	6	
		8	5					1
			3		9			
		7		1	3			
	2						9	
			8	5		3		
			2		5			
6					4	2		
	5	9				8		7

Hard 34

9	8		2					7
7		5	8	9				
	6					4		
3		8			4			
	5						2	
			9			8		5
		4					3	
				3	5	6		2
5					2		9	8

Hard 35

	3						4	2
9				7		3		
8					1	9		
5			6	4			1	
6				3				5
	7			1	5			3
		6	2					4
		4		5				8
2	5						9	

Hard 36

	3				4	2		7
7			1				3	
						9	4	6
		4		2	6			
		8	3		5	6		
			9	4		7		
6	8	3						
	2				8			9
9		7	4				6	

Solution on page 207

Hard 37

	4	7						1
8			7	2				
	6			9		7		
4		8				9		
		6	8	7	2	1		
		3				8		6
		5		4			8	
				3	9			5
7						6	1	

Hard 38

	6			7			1	
			4					3
	1				3	7		
5	9		7					8
		2		6		4		
8					1		2	5
		7	1				9	
3					7			
	5			8			6	

Hard 39

4	1		2					9
		9		1		3		
		6	4					
5		7		6				
	3			7			5	
				4		2		7
					4	8		
		3		2		1		
6					5		9	2

Hard 40

5		3					4	1
				1	6			7
						6		5
2	9		1					
1			4	3	9			6
					7		1	9
3		1						
8			6	7				
9	5					1		8

Hard 41

	1	9		3				7
5			4		7		9	6
3						1		
		3					8	
			9		6			
	4					6		
		7						2
2	9		5		3			1
1				9		7	6	

Hard 42

	3			5		1		
9			1					
4		5		2				3
			2				7	
8		7				4		6
	5				8			
3				9		6		5
					2			9
		6		4			8	

Solution on page 207

Hard 43

	4		2			3		
						7	6	9
1				9				
	5	1		8				
		9	4		7	8		
				5		2	9	
				2				8
3	7	6						
		2			1		3	

Hard 44

5				2	9			
	1						8	
2		3						4
			6	3		8	5	
9			1		8			3
	8	4		9	5			
4						1		7
	3						4	
			4	6				2

Hard 45

8	7			6				
9		2	1			8		
			5				3	
2					6			
		1		3		7		
			8					5
	9				8			
		3			1	5		9
				5			6	3

Hard 46

1	6					5	9	
	9				8			
				7		4		
			7		3			9
	1						4	
8			5		9			
		3		6				
			2				6	
	4	2					1	3

Hard 47

	9	3			8			6
8						9		
6		7		9				4
	5		1		2			
		6		7		1		
			8		5		9	
1				3		7		9
		9						8
7			9			5	3	

Hard 48

			6					5
8	9							
5		1			8		7	
2				4	1		6	
		9		3		2		
	5		9	7				4
	2		4			7		3
							4	2
4					9			

Solution on page 207

Hard 49

8				7		5	6	
2					5			
		9		6				4
	4	2			1			
	6						1	
			6			2	4	
4				3		7		
			1					2
	2	5		4				8

Hard 50

	1			3		5	2	
		5	7				9	
					5			1
6			4		1			
9				7				4
			5		8			6
5			1					
	7				6	2		
	4	8		5			6	

Hard 51

	4				1			6
1						7	2	
	8				2			5
9		4	3	1				
		3		8		6		
				9	5	3		1
8			5				1	
	3	9						8
7			8				6	

Hard 52

1	4				6	5		
							8	6
8			4					
		2		3	7			
6		1	2		4	8		3
			6	8		2		
					3			5
3	9							
		4	5				1	9

Hard 53

6				5		3		
	5	2			9			
4								7
9				4			3	
			6	3	1			
	2			7				5
1								6
			7			4	5	
		4		2				9

Hard 54

7		2			8		1	
				1			5	
1	5					4		
	8				6			
		9	7		2	6		
			9				8	
		7					4	8
	9			4				
	2		8			7		3

Solution on page 208

Hard 55

5		1		9			3	
	4					5		
	6	9		5	3			4
			2			1		
3			6		9			8
		4			5			
1			3	8		4	5	
		8					7	
	3			4		8		2

Hard 56

		1	4			7		9
		3		9		5		
9	4			2				
4	9							8
			6	1	7			
1							2	5
				7			5	3
		4		6		2		
5		2			1	4		

Hard 57

6	8		1					5
	7			9				6
		2	5					
	2			3		5	8	4
7								2
4	5	3		2			7	
					9	6		
8				5			2	
3					6		4	7

Hard 58

				6	3	1	5	
5	1				2	3		
3								4
				8		6		
		2		3		4		
		3		7				
6								2
		7	8				4	1
	2	8	4	5				

Hard 59

5			9	7				
						4	8	
3	7							5
		5	8	2			6	
			1		4			
	9			3	5	8		
4							5	3
	1	9						
				9	2			8

Hard 60

	8	2	3			6		
				2		7		
7	4							
			5	4	1			
5		9				4		1
			6	7	9			
							6	3
		7		1				
		4			6	1	8	

Solution on page 208

Hard 61

		7	6		4	3		
2	3			1		6		
4					5			
6					8			
	9	3		7		8	4	
			4					2
			9					1
		9		4			8	7
		4	8		1	9		

Hard 62

7	5			9			2	
	6			4				
8		2			7			6
2		8	4				9	
		5				2		
	9				8	4		5
6			5			7		2
				1			6	
	2			6			5	9

Hard 63

		3			5			
2	8				3			5
9		4					3	
3		6		2	1			
8								9
			7	9		8		3
	3					6		1
4			5				8	2
			1			7		

Hard 64

	2	5		8			6	
9				3	6	2		
7		6						
	8	7						
4			9		8			1
						6	8	
						4		6
		4	8	6				3
	3			5		1	9	

Hard 65

				9		3		
6		3				5		
5	8		6				9	
	1				5			
3			1	8	2			7
			4				1	
	7				9		6	3
		6				8		2
		2		4				

Hard 66

3		4	8					
	2	1			3		6	
7								5
		2	5	3				
5								3
				1	9	2		
9								8
	3		9			5	4	
					4	3		2

Solution on page 208

Hard 67

1	6		2			4		5
	4				5	1		3
		5					9	
				8	6			
7	9			3			1	8
			7	2				
	8					9		
9		1	6				4	
4		7			2		6	1

Hard 68

9		7	1			3		
				4		9	1	
	8							5
		3	9				7	
			3	5	4			
	2				6	8		
3							8	
	1	6		2				
		4			3	1		2

Hard 69

4		1	5					
				6				3
	2	6		9		5		
			2				3	
8				5				1
	7				9			
		7		8		9	4	
5				2				
					3	2		8

Hard 70

	3			4		5		
5		1						7
		6			8			
			6		4			
2	4						9	6
			1		7			
			5			7		
9						3		2
		4		8			1	

Hard 71

3		1	8			6		
	5			9			3	
4					3			
2			9		4			3
	1		3		8		2	
8			1		2			9
			7					8
	3			8			5	
		8			5	9		7

Hard 72

	3	7					9	6
6	1		2					
	5				7			
1				6		4		
			1		2			
		6		7				5
			5				2	
					1		3	8
8	2					1	5	

Solution on page 208

Hard 73

	7	9			8			
5				4		1		
3						7	4	
8			3					
	1	6				4	3	
					1			6
	9	5						1
		3		2				4
			9			6	5	

Hard 74

			9	2		3		
						7	6	4
	4	5			3			
4	8		6					3
		3		9		6		
9					1		7	8
			3			4	9	
3	7	4						
		1		4	6			

Hard 75

	6			2	7			8
2	5						9	
7						2		
		6		4	8			9
	2		9		6		3	
1			2	7		5		
		2						5
	7						1	2
9			7	6			8	

Hard 76

		9		7		5		4
				4	9			
6						2	3	
		1			7			8
	9		8		4		2	
2			6			1		
	6	8						3
			7	6				
5		7		3		6		

Hard 77

		9	8				4	
	1			3				
		4						1
9			5	6				
		3				2		
				8	9			6
6						1		
				9			3	
	5				4	7		

Hard 78

2		3						
	4				9			
5				8		6		2
7	5			9	8			
	9						8	
			5	6			7	1
9		1		4				6
			7				2	
						3		4

Solution on page 209

Hard 79

2	4							7
				2	4	9		
9	8				5			1
		8			3		9	
		3		8		7		
	7		1			5		
7			3				2	5
		1	8	9				
8							1	9

Hard 80

		6			7	3	9	8
9			6					
4		2					7	
				8			5	
		8	7	9	6	4		
	7			1				
	9					5		2
					9			3
2	6	5	8			9		

Hard 81

	6		2			8		
8				4				
						7	9	2
9		6	7	3				5
	1		9		6		4	
3				8	2	6		9
6	8	5						
				2				6
		3			4		7	

Hard 82

			9			1		6
7		1		5			3	
				1				4
	3					4		7
			3		2			
2		9					5	
3				8				
	8			4		2		3
1		4			5			

Hard 83

	8		5					7
4			7		1			9
		7					4	
9				5				2
		5		6		3		
1				9				5
	9					1		
7			2		3			8
8					9		3	

Hard 84

				2		1		
9	3				5		4	
5		8					2	
		9	3	4	7			
	4						7	
			9	6	1	2		
	5					9		2
	9		1				8	7
		3		7				

Solution on page 209

Hard 85

	2	3		7	6	4		
9			2					
6					4		2	
3			7	5		1		
2				6				3
		7		3	1			2
	1		5					9
					3			8
		6	1	9		2	4	

Hard 86

5	9	4					8	
7			8					
	8				5	1		
				9		2		7
3			7		6			8
2		9		1				
		7	3				2	
					7			4
	2					5	7	3

Hard 87

		5	4	2	3		7	
				9				1
		6			1			
5				1		7		2
	7	8				1	4	
1		4		7				5
			5			6		
8				6				
	5		2	4	7	9		

Hard 88

				2			3	
5		2		1		4		
	1		5					
6			2					
2			1	6	9			7
					3			8
					8		6	
		6		5		9		2
	7			4				

Hard 89

2		7	3			8		6
		5		1				3
		8			6			
					7	6	8	
	5						4	
	2	9	6					
			8			9		
3				2		5		
9		4			5	2		8

Hard 90

	2		9		8	5		3
7		8		5			9	
		9			6			
			1					9
		2	5		7	3		
9					3			
			6			7		
	1			8		9		4
8		7	3		4		1	

Solution on page 209

Hard 91

	4				1			2
2						6		
		3		6				9
9			1		6		5	
			9		7			
	1		5		2			3
1				9		2		
		6						7
4			6				3	

Hard 92

	9				2			4
4				9		3		
	8	3						
3		4						6
8			9	1	6			5
9						8		2
						9	5	
		1		8				3
5			6				2	

Hard 93

	2		8	5				7
8					6			
	3	9				8		
9			3		7			
7	6						4	8
			6		5			2
		8				7	1	
			4					6
1				7	3		8	

Hard 94

1				5				3
	2	7			9	8		
	6						9	
4					3			
	5		8	6	4		1	
			5					9
	1						8	
		5	3			4	2	
2				8				5

Hard 95

						5	3	
3	5				2			1
		9			4			
4				5	7			
8				6				3
			2	4				9
			4			2		
6			9				1	8
	7	8						

Hard 96

			4			3		
	9			5			2	
1		5	6					9
4			8		6		3	
		8		1		6		
	1		3		9			8
6					8	5		4
	8			4			6	
		3			1			

Solution on page 209

Hard 97

		8		2	7		5	
5					4		6	
		4			6			
		9	4	6				
6		2				4		3
				1	3	9		
			6			8		
	2		5					9
	8		2	7		1		

Hard 98

3			6	9	1		5	
		9			8	6		
				7				9
7			8					
2	6		9		7		3	4
					3			6
5				3				
		1	2			4		
	3		7	6	4			5

Hard 99

7			5			3		8
	1	3			8			
5		6		2				
				3			7	2
	6			1			8	
3	7			8				
				4		2		9
			8			6	4	
1		9			2			7

Hard 100

	6	4	5	8	1			
5	8					1		
			9				5	
				1	7		6	
7								1
	2		3	5				
	5				2			
		2					9	3
			6	9	3	2	7	

Hard 101

	8	9		5				
2								9
1	6			9		8		
5	2		4		1			
		8				5		
			5		7		4	3
		1		2			9	4
4								2
				4		3	7	

Hard 102

9				7		3		
			2			8	4	
3								9
7				1	5			
	6			9			2	
			8	4				5
8								1
	7	9			1			
		1		2				3

Solution on page 210

Hard 103

			9					2
				6		8		
1	5						6	3
5		3			7	6		
			5		6			
		2	1			3		7
2	6						9	4
		4		8				
3					4			

Hard 104

9	7		6	8			2	1
8						5		
			2					8
5		6	1					
			8	4	6			
					9	4		6
1					2			
		3						2
2	9			1	5		3	4

Hard 105

	3	6			2	1		
			3	7			8	
4							5	2
6			1					
7				4				6
					6			1
3	4							5
	5			9	4			
		2	8			4	7	

Hard 106

		7	5				4	9
		2	1			3	8	
5				8				
6	4							
			6		5			
							2	8
				1				3
	7	6			9	8		
8	9				2	7		

Hard 107

			8	3	9			4
4	2				5	3		
		3						5
			5	9	8	6		
	9						7	
		8	7	4	6			
3						1		
		2	1				5	3
5			9	6	3			

Hard 108

		6		5		3		
	5		9				1	
8	3		1					9
4					9			
		9				7		
			2					1
7					6		4	3
	8				2		7	
		3		1		5		

Solution on page 210

Hard 109

		5	6					1
		2		5				
4						6	7	
			7	8			3	6
		9	3		5	4		
1	3			2	6			
	5	6						8
				9		3		
9					8	5		

Hard 110

3		2				8		6
	9				3			
8				4			5	
5		8	3			7		
6								1
		9			8	2		5
	8			9				3
			5				2	
1		3				6		7

Hard 111

					8	2		
7		2				4		
3	1		2	4				
5					1			3
	7	1		6		5	8	
9			4					6
				1	4		5	7
		7				8		4
		5	9					

Hard 112

	8	1		6	7			9
6					1	7		
	7						3	
1			2		9			8
			5		3			
3			1		6			2
	5						1	
		3	6					7
7			9	3		4	2	

Hard 113

	5	9			7	4		
					6		8	
7				1			3	
			7		3			9
	9			4			5	
2			1		9			
	4			6				3
	2		8					
		7	4			8	2	

Hard 114

		5			9		1	
2	9			3				
3	4					9		
5	3			2	6	8		
			5		1			
		6	8	9			5	4
		2					4	6
				6			2	9
	7		9			1		

Solution on page 210

Hard 115

	5	4					1	
7		8	6					9
9				4				7
		3			7			8
			4	8	6			
5			2			7		
8				7				5
3					4	8		1
	2					4	7	

Hard 116

			4				7	
				9	7		6	
1		7		5		8		2
4				8				
5			7		3			6
				2				4
3		6		7		5		8
	2		1	3				
	1				8			

Hard 117

1	8		2					
5	7	4				9		
			1				7	
				3		1	9	4
	4						5	
3	1	5		8				
	3				7			
		2				5	8	7
					8		1	9

Hard 118

6		8	5			1	2	
			3				8	5
				6				7
5						8		
	9		8	4	2		6	
		3						2
2				8				
3	4				5			
	5	9			3	7		6

Hard 119

1					5	4		
				2				3
	7	3						6
2	9		8	6				
	5			4			1	
				1	3		7	2
4						2	6	
9				5				
		2	9					5

Hard 120

	4	9		7		1		
8					6			
3			9				4	
	8			4				
5			6	8	1			4
				5			3	
	7				2			5
			8					2
		2		3		8	7	

Solution on page 210

Hard 121

9			2	4		8		
5							7	
7	3	2						
			7		3		2	
		7				3		
	2		9		8			
						4	3	1
	7							2
		8		6	2			7

Hard 122

2			4					
	4		9			5		
		1				7		2
			7	9			8	6
			1		4			
1	7			8	6			
3		4				2		
		8			5		9	
					2			8

Hard 123

		4						2
3				4	1		6	
			8			1		9
7			1		2			
	2			6			7	
			7		3			4
4		7			6			
	1		9	7				6
5						2		

Hard 124

		9	2	5				3
				3			9	8
	2					4		
5	9	3	7				4	
8								2
	7				1	3	6	9
		4					2	
2	8			4				
9				1	2	5		

Hard 125

	9			7		3		4
7				5				
8	5	4	3					
3					1	8		
			2	8	5			
		1	4					5
					6	5	8	7
				1				3
5		7		4			6	

Hard 126

				6		1		2
		7		4		6	8	
	8							4
7	4		9					
		8	6	3	4	5		
					7		4	8
8							2	
	2	4		5		8		
9		5		1				

Solution on page 211

Hard 127

		8	9	4				
1		7		5			4	
			3				1	
9		2						
8			4	2	5			9
						4		8
	2				6			
	5			3		2		6
				9	7	5		

Hard 128

3			7		6	4	9	
9		5						
	1					2		
		1	2	3				
5								4
				9	8	6		
		7					4	
						5		7
	5	6	8		2			3

Hard 129

		5	3	6			9	
				5			7	
7						1		6
		2	9				3	
			8		1			
	8				4	9		
9		6						4
	4			9				
	2			4	8	5		

Hard 130

	2		4		3	7		
3				8				
		4				2		
	6			3			8	
8	1						5	7
	9			5			2	
		1				4		
				6				2
		2	8		1		7	

Hard 131

	9		3			1		
	4						2	3
1	5		6			9		
4			7	6				
		8		1		6		
				4	3			9
		4			7		9	8
2	8						1	
		9			8		6	

Hard 132

	7				5	3	9	
8				6		7		
						4		8
5				7	4	9		
			1		8			
		3	6	2				7
3		7						
		5		4				6
	4	1	8				7	

Solution on page 211

Hard 133

7		3	8			6		
	6	8		9				2
			3		1			
3				5		2		
	9			4			1	
		4		8				7
			9		6			
5				7		9	6	
		9			5	8		3

Hard 134

	5		3	2		9		
2						3		
9	6				5		8	
1					3			
	9		2		4		1	
			1					7
	4		9				5	8
		5						9
		9		1	6		4	

Hard 135

		4	6	3	9			
	9					5		
1	6							3
				6	5			8
6				2				7
5			8	9				
3							2	9
		2					6	
			9	1	2	8		

Hard 136

4	5			3		8		
		2	8			4		1
8			7				5	
		1			3			
7				6				8
			9			1		
	7				2			9
5		8			7	6		
		6		8			1	7

Hard 137

			1	8	6		3	
7					9		4	
		6				1		2
				9	7			1
1								4
3			4	2				
5		4				8		
	8		3					6
	6		5	1	8			

Hard 138

5		3	9	1				
			4					7
4	7		5	8			3	
	6				9			8
		4				6		
2			6				7	
	5			2	6		1	4
3					4			
				9	5	7		2

Solution on page 211

Hard 139

9	3		6			8		
		2		3				
5							4	
3		5		6				
7			1	8	2			5
				5		1		4
	5							9
				7		6		
		8			4		5	2

Hard 140

2			7	3		5		
1				5				
3	5				9	7		
7				9			4	
			2		6			
	8			7				6
		4	1				5	2
				4				7
		1		2	7			3

Hard 141

		9				2		3
7	2	5			6		4	
4				2				
9			4		3			
	7		5		9		1	
			2		7			4
				7				9
	1		9			4	2	6
2		3				5		

Hard 142

				3	9			
9		2		1			7	
1	3		5				2	4
		5					3	
7			9		3			2
	8					6		
5	4				2		8	1
	2			9		4		7
			8	4				

Hard 143

	2		7			1		
4							6	
6		3		1				
		9	1					5
5		8		4		7		2
3					5	4		
				9		6		1
	3							8
		7			8		4	

Hard 144

4					3	6	8	
2						7		
	8		5					
3			1	9	7			
7		9				8		1
			4	8	6			7
					2		6	
		4						8
	2	3	9					5

Solution on page 211

Hard 145

		6				9	7	
2			1					
	5			2	7			1
	1		5	8	4			
	2						6	
			6	7	2		1	
8			4	3			5	
					9			8
	3	1				7		

Hard 146

	9			6			7	3
			8		4	2		
		2			9			
	7				1		4	
4			2		5			1
	1		9				5	
			7			1		
		3	5		8			
1	8			9			2	

Hard 147

	7	6				3		
			3	6			8	4
3				5				
9						4		
	3		2	8	9		5	
		8						7
				1				6
5	6			2	3			
		2				8	7	

Hard 148

9				1			7	
		6	9					
2	4							9
			1	9		4	5	
			4		5			
	5	4		7	6			
1							3	7
					8	5		
	8			5				2

Hard 149

	5					1	3	6
			4		3			
		2					5	4
	6		7	4				
2	4						6	7
				2	5		1	
7	1					5		
			5		6			
5	8	4					7	

Hard 150

	4			9		8		6
9	2	6						
					6	9	2	
6		9			5			
			9	1	4			
			6			5		7
	9	3	7					
						7	1	9
8		5		4			6	

Solution on page 212

Hard 151

		9		1		8	3	
5		3	7		4			
	4				9			
	9	1			7			6
3								1
2			4			3	8	
			5				1	
			9		8	4		5
	5	7		4		6		

Hard 152

	2	4		9				
						2	6	5
	1	5			6			
5			8					
		7	9	4	5	8		
					7			4
			1			6	5	
9	7	6						
				3		7	8	

Hard 153

6	3	7		8				
1		2				3		
			1				5	
				1	8		6	
		4	5		6	7		
	1		4	7				
	9				1			
		8				5		3
				5		6	7	9

Hard 154

		4		6	1	3		
6	1	8	2		3			
			9					1
8			4		7			
	7			2			4	
			6		5			7
1					6			
			5		2	9	3	6
		5	8	4		7		

Hard 155

	1			3	2			
			9		1			3
		5					9	
1				7	5			4
		4				3		
2			4	8				6
	4					1		
6			5		8			
			6	2			7	

Hard 156

4	3					8		
		2	8			5		
	7			5				
			6		9		1	8
		8				6		
9	6		2		1			
				1			2	
		7			4	1		
		6					8	3

Solution on page 212

Hard 157

			2		9		8	
2					5	3		
4	7							
9	2			1		7		
	5			4			1	
		4		2			3	5
							5	9
		6	7					8
	4		1		2			

Hard 158

5					2	1		7
	2					4		
9				6			3	2
				1	8			3
		1		5		2		
2			3	4				
1	8			7				4
		5					7	
7		9	6					5

Hard 159

				7	2	6		
	4			3			8	
2						9		1
7			6			4	9	
6								3
	9	3			7			6
4		9						8
	8			4			6	
		6	3	2				

Hard 160

6		1		8	4			
5								2
	8		2				6	
	9		6			1		4
			5		9			
7		8			2		9	
	7				6		5	
4								9
			8	5		6		7

Hard 161

7		9			1	2	6	
	8							9
6				4			7	
			6		4	1		
5			7		9			4
		6	8		3			
	5			3				6
2							5	
	9	4	1			7		2

Hard 162

9	6		8	3				7
5		7						6
				9		1		
					8		3	
	7			4			8	
	2		5					
		5		2				
6						2		3
2				8	9		4	5

Solution on page 212

Hard 163

4						9		2
	8		2					3
				3	4		8	1
	2			8				
	9	1				5	3	
				9			1	
9	5		6	1				
7					3		2	
6		3						5

Hard 164

2	7		8			1		3
5	3							
1				4				
				5		2		
4			3	9	1			8
		5		8				
				3				1
							2	5
3		7			2		9	6

Hard 165

		9			7			
		4				9		7
1	7	2	3					
2		8	4	9				
	3			2			9	
				8	6	3		2
					8	2	4	5
7		1				8		
			9			1		

Hard 166

		9	1					
7	1			3		4		
5						7		9
1	8			2		5		
6			5		7			8
		5		4			7	6
9		1						7
		6		9			5	4
					2	8		

Hard 167

		8			7	9		
							3	1
5		2		9			6	
	8		3					5
		6		1		2		
9					4		1	
	7			8		1		2
8	9							
		4	9			7		

Hard 168

	2	6	3	9				
			6				8	1
	1				4	2		
		1						5
			1		9			
7						6		
		8	9				3	
9	6				2			
				4	8	5	6	

Solution on page 212

Hard 169

5			2				4	
			7				5	
6	4	9						2
7		5		8	2			
			6		4			
			1	7		2		8
2						8	7	9
	3				9			
	5				7			1

Hard 170

6		5	3	8				
3	7					5		
4							9	
1			2		3		8	
		3	9		8	6		
	6		7		4			2
	1							6
		4					7	5
				2	5	8		9

Hard 171

				9				2
	7		1		4		8	
		1	5					3
		3				6		8
5			3		6			1
2		6				3		
8					2	1		
	5		6		9		3	
9				1				

Hard 172

	2	1			7	6		4
7				6				
3	9							
		7		2	6		1	
		3		9		2		
	5		7	1		4		
							4	1
				3				8
8		4	1			9	3	

Hard 173

	8		7	3		4		
1		7						
6					4	1		
	2	3		9				
			2		6			
				8		2	9	
		4	1					6
						9		3
		6		7	3		1	

Hard 174

7		9	6			3		
				3			9	
		6					7	
8			1	2	5			
2	6						5	1
			9	6	4			8
	1					8		
	2			7				
		8			3	2		5

Solution on page 213

Hard 175

		6	4	7				
8	9						2	
3				8	9	4		
	6		3			7		
			9		8			
		3			7		9	
		5	7	6				4
	3						7	2
				3	4	5		

Hard 176

		1	5	3	9			
	7	9						
6						2		3
				5		6	2	
5				2				8
	2	4		9				
7		6						2
						7	8	
			1	7	4	3		

Hard 177

		3	2		1	9		
	8							4
1			7			2		
4	2			7				3
		1				7		
9				1			6	2
		5			9			7
8							2	
		9	6		2	8		

Hard 178

	6	3		8			2	
4	5			3		1		
9			7					
		7	1					
8				7				1
					8	2		
					6			2
		2		1			3	5
	4			2		9	6	

Hard 179

		3			2			8
	9			6			2	
5		8				6		
			2		9		6	
1				7				9
	8		6		5			
		7				9		3
	1			9			8	
9			7			1		

Hard 180

		3		4			9	5
	5		9					
	1	2		6				7
			6			3		
2								1
		5			9			
5				8		1	7	
					5		6	
3	8			7		5		

Solution on page 213

Hard 181

	7			6	4	8		
	4		1				7	
6		2						
1			3		7			
		5				9		
			9		5			1
						6		5
	2				1		4	
		3	4	2			8	

Hard 182

3			6			9	7	
9	4	1						
	7	6			3			8
				8			2	4
			7	6	5			
6	8			3				
4			5			1	8	
						4	5	9
	9	5			8			2

Hard 183

						9		4
		9			8		5	
4				6			1	
				8	3			6
7		8				3		9
3			4	5				
	4			9				2
	2		3			1		
8		1						

Hard 184

5				8			4	
					2	8	6	
		8				2		7
	5		8					
3			5	7	4			2
					3		1	
7		1				3		
	8	5	4					
	3			2				1

Hard 185

		1				4		7
6				1				
3			5		8		6	
9					3	2		
	3						5	
		2	7					9
	5		2		4			1
				8				5
8		3				6		

Hard 186

5	9			4				
		3						4
			7		8		6	3
2	3	4						
	5		3	6	1		4	
						8	3	9
1	7		2		4			
8						4		
				8			7	5

Solution on page 213

Hard 187

		1	3	4	2	8		
	2			7				1
		7				3		
9					3		7	
			6	8	4			
	4		7					3
		5				7		
6				2			1	
		9	4	6	8	5		

Hard 188

5		7	3					
1					8		4	7
	3				7			
	7		4	5				
		6	2		9	1		
				6	1		8	
			6				5	
6	2		8					1
					2	4		8

Hard 189

	3	8	9				5	2
			1		3			
7				4				
			7	9		3	2	
3				8				4
	2	6		1	4			
				5				1
			4		8			
5	4				1	8	6	

Hard 190

4	5	6	8					
7		3						5
				5		4	8	
	7		1	4				
3								4
				6	2		1	
	9	8		7				
5						8		9
					9	5	2	7

Hard 191

1					3	5	2	
2	6							
3		4		1				
6					5	7		
			9		6			
		7	4					3
				8		3		6
							1	8
	4	3	2					5

Hard 192

	5	1						3
				2	6			9
8					5	1		
	9				1			
		7		6		3		
			2				4	
		9	6					8
2			8	4				
7						9	3	

Solution on page 213

Hard 193

				9		5	2	
2								9
7			2			1	8	
	3		8		5	4		
			3		9			
		6	4		2		1	
	4	9			6			5
1								4
	7	2		4				

Hard 194

		4			9	3		7
	7						2	
8		3	5					
			2	6		9		
	3			9			6	
		9		8	1			
					2	1		4
	4						5	
3		8	1			6		

Hard 195

	3		9	8				1
					3			7
7			5			9	3	
		7	3				1	
	2						4	
	4				1	7		
	1	2			8			3
5			6					
4				1	9		5	

Hard 196

				5			7	1
		5	4				2	
4				9				
			3	1	9			8
		4				3		
8			7	4	6			
				7				3
	6				8	1		
9	3			2				

Hard 197

3	4			5			6	
		1		6	2			4
	5				4			7
4	9					5		
			9	2	5			
		5					8	1
5			2				1	
1			5	4		6		
	7			1			4	5

Hard 198

	1		5	8		3	9	
7			3					
	4					8		
4		2			1			8
	7			2			5	
8			9			2		1
		4					1	
					6			9
	8	7		3	5		6	

Solution on page 214

Hard 199

	8			4			7	
7					5	3		8
5					1	4		
					8	9		4
6								3
9		8	6					
		5	7					9
4		3	1					7
	2			8			3	

Hard 200

		2			5			7
3						5		
7		6	4				8	
	7			5				
5		4		8		6		2
				3			1	
	2				9	7		6
		7						8
6			1			2		

Hard 201

	7		2					
9				5		8		6
6				7				
	4		9		5	1		2
		5		2		4		
8		6	4		7		5	
				6				8
3		7		9				4
					8		3	

Hard 202

	1		3					
7	2			1			4	5
4		5						
			4	3				9
5		7	6		2	1		4
3				8	1			
						3		7
1	3			2			5	8
					3		9	

Hard 203

		7	9		1			
1	8						9	5
4				7		1		
7		3			4			
			7		6			
			1			9		7
		4		8				1
9	3						2	6
			5		2	4		

Hard 204

			6			1	9	
3					1			
	8	1		5		2		
1			5					
6			2		7			5
					4			2
		4		9		5	8	
			1					7
	7	8			5			

Solution on page 214

Hard 205

9		3		6			2	
	6					9		4
	1		8					
					5			2
		4	3	2	6	5		
1			7					
					1		4	
2		9					1	
	3			5		2		9

Hard 206

4		9	3	7				2
1					2	8		
	2			1				9
		3		5				
	9		8		6		2	
				9		6		
9				6			8	
		6	7					4
7				2	1	9		6

Hard 207

							1	3
	2	8		5	3		4	
5			6			9		
	4			6	7			
		5		1		8		
			4	8			3	
		7			4			1
	5		8	3		4	7	
4	9							

Hard 208

	2		7			8	5	
			5					6
		3		2				
		9	8	6				2
6								5
4				9	5	1		
				3		5		
2					4			
	9	7			2		1	

Hard 209

	5							1
			8	1			3	
8	9						2	
1			7		2	5		
		4				7		
		6	3		9			4
	1						7	6
	4			8	7			
7							5	

Hard 210

		1		4		6	7	
		4	6					
			2			1		4
	3			6	8	4		
6								2
		8	7	2			1	
3		2			6			
					7	8		
	7	5		3		9		

Solution on page 214